거룩한   응답

"어려서부터 훈련된 기도와 믿음"

지금으로부터 40여 년 전 호남신학교 선지 동산에서 처음 만났던 류철배 목사님은 순수하고 멋진 청년이었습니다. 고등학교를 갓 졸업하고 신학교에 온 터라, 순수하고 때 묻지 않은 목동 시절 다윗 같아 보였습니다. 키도 크고, 운동도 잘하고, 공부도 잘하는 팔방미인으로 형들의 사랑을 한 몸에 받으며 쑥쑥 성장하였습니다.

40여 년이 지난 지금, 중견 목사님으로서 노회와 총회를 위해 활발하게 활동하고 있습니다. 용천노회 노회장으로, 총회 중부지역 훈련원장으로, 그 외 여러 분야에서 꼭 필요한 일군으로 사역을 잘 감당하고 있습니다.

24년 전 보배로운교회를 개척한다는 소문은 들었는데, 지금 3천여 명의 성도로 급성장을 이뤘고, 2,500평의 웅장한 성전까지 건축한 한국교회 내에 소문난 목회자로 자리매김해 가고 있어서 얼마나 기쁘고 좋은지 모릅니다.

목회자에게 있어서 꼭 필요한 세 가지, 영력, 지력, 체력을 골고루 갖춘 보기 드문 목사입니다.

이 책 내용을 보면 어렸을 때부터 얼마나 기도 훈련을 많이 받았는지 알 수 있습니다. 그 영력을 지금까지 이어 오면서 성도들을 양육하고 있으니, 성도들이 포동포동 살 찔 수밖에 없습니다. 하루 3시간 기도하는 생활 속에서 뿜 어져 나오는 말씀의 능력은 성도들에게 각종 문제에서 해 방되는 기쁨을 안겨 주고 있습니다.

리챠드 오웬 로버츠는 「부흥」이라는 책에서 설교에 대해 세 가지를 말하고 있습니다.

1) 입에서 귀로 전하는 설교
2) 머리에서 머리로 전하는 설교
3) 마음에서 마음으로 전하는 설교

류철배 목사님의 설교는 세 번째에 해당합니다. 책의 내용을 보면 성도들이 목사님의 설교에 감동 받고, 병 고침 받고, 삶에 변화가 일어나는 것을 볼 때 말씀에 능력이 있는 분입니다.

매년 40일 동안 진행되는 '하만나 기도회'는 누구도 흉내 내기조차 어려운 성령 집회입니다. 그 기도회를 통해 지금도 기적이 많이 일어나고 있음을 책에서 볼 수 있습니다.

그뿐만 아니라, 목사님의 예언 기도는 구약 시대 선지자들을 연상케 합니다. 방언과 치유와 예언이 사라지고 있는 이 시대에 목사님은 선지자와 예언자의 사명을 이어가고 있습니다. 하루 3시간 기도하며 성경을 한 달에 한 번씩 통독하는 목사님의 영성은 한국교회 모든 목회자에게 경종을 울려주고 있습니다.

아무쪼록 이 책을 읽는 모든 분, 목회자는 큰 도전을 받으시고, 성도는 큰 은혜를 경험하기를 소원합니다. 감사합니다.

2022년 10월
105회기 총회장 신정호 목사

"교회 부흥과 성령충만함을 소망하는 분에게 강력한 도전"

주님의 신실한 종 류철배 목사님의 신앙 고백적인 삶의 이야기를 전하는 「거룩한 응답」의 출간을 진심으로 축하 드립니다.

본서는 향교에서 전교(향교 대표)를 맡을 정도로 공자 사상에 젖어 있는 가정에서 태어나, 친구의 권유로 교회를 다니기 시작하고, 중학교 시절부터 새벽기도에 출석한 이래로 지금까지 새벽 제단을 쌓으며, 주님에 대한 사랑과 헌신 그리고 깊은 영성과 넉넉한 마음으로 폭넓은 사역을 충실하게 감당해 오신 류 목사님의 하나님과 동행하는 삶과 목회 이야기, 그리고 목사님을 통해 하나님의 은혜를 체험한 분들의 고백을 감동 있게 전하고 있습니다.

특별히 본서는 중학교 3학년 때 엘리야와 같은 기도의 응답을 체험한 이래로 자신과 하나님과 기도 제목이 올바로 연결되어 있으면 반드시 기도 응답을 받게 된다는 확

신을 가지고 오직 기도로 헌신했던 40여 년의 기도 응답
받은 내용을 모아 엮은 것입니다.

이사야 43장 4~5절, "네가 내 눈에 보배롭고 존귀하며
내가 너를 사랑하였은즉…"의 말씀에 의지하여 1998년 1
월 40평짜리 상가에서 보배로운교회를 개척하였습니다.

24년이 지난 오늘 2,500평 성전과 3,000여 명의 성도
에 이르기까지 오직 하나님께 영광 돌리고자 하는 한 가
지 소망으로 평생을 성령을 따라 주님의 교회를 위해 헌
신하신 목사님의 진솔한 목회의 이야기가 담겨있습니다.

매일 3시간 기도와 한 달에 한 번씩 통독하는 그 능력으
로 교회 부흥은 계속되고 있습니다. 교회 부흥의 역사와
성령 충만함을 간절히 소망하는 모든 분에게 영적인 확신
과 강한 도전이 될 것입니다.

류철배 목사님을 뵐 적마다, '하나님만을 바라보며, 교
회와 교인들을 진심으로 사랑하고 헌신하며, 말씀으로 양
육하는 목회자요, 오늘 한국교회의 모범적이며 모두가 본
받아야 할 충성된 일군이구나'라는 생각을 갖게 됩니다.
류철배 목사님의 따뜻한 성품과 넉넉한 마음, 그리고 세
심한 배려는 목사님을 만나는 많은 사람에게 큰 힘이 되

고 있습니다.

이러한 류철배 목사님의 자서전적이며, 신앙 고백적인 글을 모아 출간되는 「거룩한 응답」이 코로나 사태로 인해 침체해 가는 한국교회가 교회다운 교회로 새롭게 되기를 소망하며, 영적인 활기를 회복하고자 헌신하는 목회자들과 신학생들 그리고 성도들에게 새 힘을 불어넣어 줄 것이라 확신합니다.

다시 한번 참으로 귀한 책을 출간하게 되어서 진심으로 축하드립니다.

2022년 10월
호남신학대학교 총장 최흥진 목사

"기도가 사라져가는 어둠의 시대를 가르는
기도응답의 경험담"

    류철배 목사님의 여섯 번째 책 「거룩한 응답」 출간을 축하드립니다. 이 책은 류 목사님께서 목회자로 부름을 받기 전, 어릴 적 기도의 응답부터 평생 동행하시고 걸음걸음 인도하셔서 위대한 목회자로 세워지는 과정을 고스란히 담고 있습니다. 「거룩한 응답」을 읽으면 사람을 통해 역사하시고, 사람을 세워 거룩한 역사를 이뤄가는 위대하신 하나님을 향한 찬양이 절로 나옵니다.

    류철배 목사님이 목회를 준비할 때 한국교회는 가장 왕성한 기도의 시기였습니다. 기도원마다 인산인해를 이루었고, 철야기도, 구국기도 등 온 나라가 기도의 함성으로 메아리쳤습니다. 그런 환경에서 류 목사님은 기도를 배웠고, 때로는 무모해 보이기까지 하는 기도마저 하나님이 세밀하게 응답하셨고, 이것이 평생 목사님의 목회 원동

력이 되었습니다.

기도가 점점 사라져가는 안타까운 시대에 너무 절실하게 필요한 책을 출간해 주셔서 동역자로, 친구로서 정말 고마운 마음입니다. 이 책을 읽는 동안 류철배 목사님의 영성이 우리 안에 흘러들어옴을 느낄 수 있고, 기도에 대한 도전과 응답에 대한 소망이 생겨납니다.

류철배 목사님의 평소 그 진지함과 담대함, 그리고 거룩한 영성이 이렇게 하나님께 하나하나 묻고 또 물음으로 응답의 결실을 맺었다는 것을 이 책을 통해서 알게 됩니다. 생활 속의 응답부터 보배로운교회가 되어오는 과정 그리고 이런저런 삶의 사소한 모든 부분까지 하나님께 길을 묻고 응답받은 귀한 내용이 우리 삶에도 그대로 적용되어 거저 얻는 귀한 이정표가 될 것입니다.

아버지를 보며 자란 자녀가 아버지를 그대로 따라 하듯이 기도하는 아버지 류철배 목사님을 보며 기도하는 보배로운 성도들에게 응답의 열매가 주렁주렁 맺힐 것은 물론이고 이 책을 읽는 독자들에도 그 응답의 결실이 있기를 기대하며 이 책을 추천합니다.

이렇게 귀한 글들을 모아 두었다가 책으로 출판할 수 있다는 것이 놀랍습니다.

목사님, 존경하고 사랑합니다.

2022년 10월
용천노회장 장균원 목사

필자가 최초로 기도 응답을 받은 때는 중학교 3학년 여름방학으로 거슬러 올라갑니다. 당시 시골교회 중등부 회원은 약 20여 명으로, 필자가 회장을 맡고 있었습니다.

여름방학 어느 날, 학생회원들이 모여 '어떻게 하면 우리가 교회를 예쁘게 꾸밀 수 있을까?'라는 의제를 놓고 회의한 결과, 교회 건물 주변으로 두 계단을 만들어 화분을 놓기로 하였습니다. 십시일반 회비를 모아 시멘트를 사고, 하천에 가서 모래를 채취(당시에는 가능했음)하여 콘크리트 두 계단을 만들었습니다.

그런데 이게 웬일입니까? 열정만 앞세우다 보니 장마철인 것을 깜빡한 것입니다. 땀을 뻘뻘 흘려가며 기다랗게 두 계단을 만들어 놨는데 콩알만 한 빗방울이 "뚝 뚝" 떨어지는 게 아닙니까? 여기저기에서 비료 포대를 찾아와

비상조치를 취했지만, 먹구름이 머금고 있는 소낙비를 감당하기에는 역부족이었습니다.

빗방울은 점점 굵어지기 시작했습니다. 지금 소나기가 내리면 우리들의 정성이 일순간 쓸려 내려갈 게 뻔했습니다. 어찌할 수 없는 그때 필자는 교회 마당에 무릎을 꿇고 이 비가 그치게 해 달라고 간절히 기도했습니다. 어찌 됐을까요?

간절히 기도하고 일어났는데 빗방울은 보란 듯이 더 강해지고 있는 것입니다. 또다시 질퍽거리는 흙 마당에 무릎을 꿇고 더욱 간절하게 "이 비가 그치게 해 주세요"라고 기도했습니다. 그 순간 소낙비는 차츰 그치기 시작하여 두 계단이 튼튼하게 양생 될 때까지 내리지 않았습니다. 우리는 화분을 사서 꽃을 심고 교회 두 계단에 예쁘게 올려놓았습니다.

45년이 지난 지금도 그때 기도 응답은 잊어버릴 수 없는 소중한 체험으로 새겨져 있습니다. 나중에 성경을 보니 엘리야가 3년 6개월 동안 가물었던 땅바닥에 엎드려 얼굴을 무릎 사이에 넣고 간절히 기도했을 때 소낙비가 내리는 기적이 기록되어 있음을 알게 되었습니다.

'그렇다면 나는 중학교 3학년 때 엘리야의 기도를 했
단 말인가?'

이후 40년 목회 생활 내내 그때 그 기도가 나를 붙잡아
주고 있습니다. '거룩한 응답' 즉, 나와 하나님과 기도 제
목이 올바로 연결되어 있으면 반드시 기도 응답을 받게
된다는 것을 확신하였습니다.

이 책은 그동안 기도 응답받은 내용을 모아 엮은 것으
로 오직 하나님께 영광 돌리는 마음뿐입니다. 이 책이 나
오기까지 37년 동안 묵묵히 지켜보며 기도로 응원해준 아
내 홍승연과 딸 진주, 사위 고준호, 외손녀 유나, 유빈, 아
들 류상락 목사, 자부 안나래, 친손녀 새별, 새봄, 모두에
게 고마움을 전합니다. 바쁘신 중에 기꺼이 추천사를 써
주신 105회기 총회장을 지내신 신정호 목사님, 호남신학
대학교 최흥진 총장님, 용천노회장 장균원 목사님에게 심
심한 감사의 말씀을 드립니다.

또 기도 응답의 현장에서 중보기도해 주며 응답의 주인공으로 확신을 불어 넣어준 보배로운교회 성도들과 교정 보느라 수고해 준 부교역자와 6번째 책을 예쁘게 만들어 준 따스한 이야기 출판사 대표 김현태 목사님과 직원들에게 감사를 전합니다.

　이 글을 읽으시는 모든 분에게도 100% 기도 응답의 역사가 일어나기를 간절히 기도하며 이 글을 전합니다.

2022년 10월
보배로운 서재에서...
류철배 목사

류철배 목사의
기도와 응답으로
이뤄진 목회

류 철 배　지음

목
차

3장 | 예언의 말씀

4장 | 너희 자녀들은 예언할 것이요

1장

chapter one

생활 속의 응답 이야기

이상한
어머니

필자는 공자의 사상을 이어받아 향교(鄕校)에서 전교(향
교 대표)를 맡으신 부친 슬하 10남매 중 막내아들로 태어났
습니다. 그래서 성장하는 동안 자연스럽게 제사 문화에
젖어 들었습니다. 부친 무릎 아래서 한자 공부를 하고 붓
글씨 연습을 했고, 중학생이 되었을 때는 아버지 대신 축
문(祝文)과 지방(紙榜文)을 쓰기도 하였습니다.

딸 부자(8명), 형 1명 집에 막내아들로 태어났으니 얼마
나 금지옥엽으로 사랑받으며 자랐겠습니까? 어릴 적에는
누나들이 서로 안고 다니는 바람에 신발이 없었다는 우스
갯말이 있을 정도였습니다.

시골은 유교, 불교, 미신이 혼합되어 생활 속 깊이 자리
를 잡고 있습니다. 어머니는 귀한 아들 건강하게 오래 살

라고 필자 이름을 절에 걸어 놓고 승려들이 기도하도록 시주하셨답니다.

누군가 필자에게 "어떻게 목사님이 되셨어요?"라고 물었을 때 서슴지 않고 "법당에서 승려들이 매일 기도해 줘서 목사가 됐습니다"라고 말합니다.

필자는 동네 친구들과 어울려 초등학교 4학년 때부터 교회에 다니기 시작했습니다. 중학교 1학년이 되었을 때 어느 날 새벽, 어머니는 저를 깨워 새벽기도회에 가라고 하셨습니다. 영문도 모른 채 일어나 1km쯤 떨어져 있는 교회에 다녀왔습니다.

그날 이후 어머니는 매일 새벽 4시 반이 되면 필자를 깨워 새벽기도회에 다니게 하셨습니다. 이렇게 시작된 새벽기도는 중학교 1학년 때부터 목사가 된 지금까지 이어지고 있습니다.

부친께서는 여전히 향교 출입과 제사에 온 정성을 다하시는 분이었기 때문에 어머니는 그 생활을 당연하게 받아들이셨습니다. 이 말은 부모님은 교회에 다니지 않으셨다는 뜻입니다.

그런 어머니께서 어찌하여 어린 아들을 새벽기도에 깨워 보내셨을까요? 하루는 궁금하여 "엄마, 왜 나를 깨워서 교회 보내셨어요?"라고 질문하자, 어머니의 답은 의외로 단순했습니다.

"교회 다니는 사람들은 모두 새벽기도 다니는 줄 알고 깨웠는데 네가 싫어하지 않으니까 계속 깨웠지."

믿지 않으시는 어머니는 자기도 모르게 성령의 인도하심을 따라 장차 아들을 기도하는 목사로 훈련하셨던 것입니다.

이상한
아버지

아버지는 유교 신봉자이시기에 제사를 지극 정성으로 드리는 분이셨습니다. 제삿날이 되면 마당을 쓸고, 마루를 닦고, 조상들 사진을 꺼내 닦아 놓으셨고, 어머니는 정성스레 음식을 장만하셨습니다. 자정이 되면 동네 친척 20여 분이 모여 새벽 3시까지 제사를 지냈습니다. 물론 필자도 어른들 틈바구니에 끼여 제사에 참여하였습니다.

초등학교 4학년 때부터 다니기 시작한 교회 생활은 중학교 2학년까지 계속되고 있었습니다. 교회도 다니고, 제사도 지내는 이중생활을 한 셈입니다.

어느 제삿날에 여전히 많은 친척이 모였습니다. 자정이 다가올 때 필자는 조용히 아버지에게 다가가 "아버지, 저는 교회 다니니까 오늘부터 제사상 앞에서 절하지 않겠습니다"라고 폭탄선언을 하였습니다. 이 말을 하기까지 얼마나 심장이 떨렸는지 모릅니다.

제사를 평생 사명으로 생각하시고 신앙처럼 여기는 부친께 제사를 거부한다는 것은 종아리가 피 터지도록 얻어맞든지, 얼얼하도록 뺨을 얻어맞든지, 호적에서 파내겠다는 불호령이 떨어질 일입니다. 어린 마음에 얼마나 두렵고 떨렸는지 모릅니다.

폭탄선언을 하고 아버지의 처분을 기다리고 있었습니다. 하지만 아버지는 한마디 말씀도 없이 친척들과 새벽 3시까지 아무 일 없다는 듯이 제사를 마쳤습니다. '아, 이제 친척들 보내 놓고 야단치시려나 보다.' 또다시 긴장된 마음으로 아버지 눈치만 보고 있는데 아버지는 아무 말 없이 마무리하시고는 잠자리에 들어가셨습니다.

'지금은 피곤하시니까 내일 아침에 야단치시려나 보다.'

긴장된 마음에 밤잠을 설쳤습니다. 아침이 되었습니다. 식사를 빨리 마치고 "학교 다녀오겠습니다"라고 인사드렸는데 "오냐, 잘 다녀오거라"라고 아버지가 말씀하셨습니다.

'저녁에 학교 갔다 오면 혼내시려고 참고 있으시나 보다.'

학교 가서도 내내 잡념이 떠나지 않았습니다. 하지만 그날도, 다음 날도, 아버지는 한마디 말씀이 없으셨고, 다음 제삿날에는 당연히 절하지 않는 것으로 암묵적인 허락을 받았습니다.

그동안 나의 신앙은 더욱 뜨거워졌고, 부흥 집회에서 은혜를 받아 목사가 되겠다는 서원까지 한 상태였습니다. 고등학생이 되었을 때는 전도지를 들고 이 반, 저 반 돌아다니면서 전도하였습니다. 얼마나 열심이었는지 그 무서운 교무실까지 들어가서 선생님들에게 전도지를 돌리면서 "선생님, 예수님 믿으세요"라고 당돌하게 전도하였습니다.

그렇게 신앙생활은 지속되었고 마침내 고등학교 3학년이 되어 진로를 결정해야 할 때가 되었습니다. 부친께서는 공부를 열심히 하여 고급 공무원이 되기를 바라셨습니다.

그러나 필자 마음속에는 이미 목사가 되기로 서원하였

기 때문에 신학대학에 가려고 마음먹고 있었습니다. 향교 대표인 부친 슬하의 자식이 신학대학에 가고 목사가 된다는 것은 부친 체면에 먹칠하는 일입니다. 이는 마치 목사인 제 아들이 불교 대학에 가서 승려가 되겠다는 것과 다를 바 없는 것입니다.

아버님은 당연히 반대하셨습니다. 하지만 필자의 마음에서 타고 있는 소명의 불은 끄실 수 없었습니다. 마침내 신학대학에 입학하였고 풋내기 전도사 생활을 하게 되었습니다.

어느 날 아들이 설교한다는 소식을 들으시고 광주 월광교회까지 찾아오셔서 아들이 전하는 설교를 들으시게 되었습니다. 그날 밤 아버님과 함께 자면서 6년 전 하고 싶었던 질문을 드렸습니다.

"아버지, 제가 중학교 2학년 때 제사 지내는 날 절하지 않겠다고 하였는데 그때 왜 야단치지 않으셨어요?"

"너는 둘째 아들이니까."

둘째 아들이니 제사권이 없다는 뜻입니다. 장자였다면 어림없었다는 말입니다. 그 시간 둘째 아들로 태어나게 하신 하나님께 감사드렸습니다. 이상한 아버지입니다.

귀신과 싸움

　신학생이 되었을 때 가장 먼저 들었던 생각은 '목사가 될 사람은 기도를 많이 해야 돼' 라는 것이었습니다. 그 마음으로 방학 때가 되면 광주에서 버스를 타고 오산리 금식 기도원을 찾아갔습니다.

　당시 최자실 목사님이 쓰신 「나는 할렐루야 아줌마였다」라는 책을 읽고 감동을 받아 그 영력을 얻기 위해 그곳까지 찾아간 것입니다. 금식하며 집회에 열심히 참석하였습니다.

　어느 날 저녁 집회가 끝나고 산 굴속에 들어가 다시 부르짖는 기도를 시작하였습니다. 목에서 피 냄새가 날 정도로 고래고래 소리 지르면서 기도하기 시작했습니다.

굴속에는 전등이 없었기 때문에 도대체 몇 시인지 알 수 없었지만 느낌으로 자정쯤 되었을 것 같습니다. 기도는 점점 더 뜨거워졌고, 얼마의 시간이 지났을 때 계속 부르짖어 기도하고 있는데 갑자기 무서운 생각이 싹 드는 것입니다. 개의치 않고 더욱 소리 질러 기도하는데 그 무서움이 변하여 공포가 느껴졌습니다. 온몸이 오싹해지면서 소름이 돋기 시작했습니다.

얼마나 무서운지 눈을 번쩍 떴는데 여전히 캄캄했습니다. 두려움과 공포에 질려 큰 소리로 찬송을 부르기 시작했습니다. "마귀들과 싸울지라 죄악 벗은 형제여"를 반복하고 또 반복하며 불렀지만, 그 어둠의 세력은 기어코 나를 덮치고 말았습니다.

등 뒤에 달라붙어 있는 그놈이 갑자기 내 오른편 뺨을 후려치는 것입니다. 실제로 맞았는지 느낌으로 맞았는지 그건 알 수 없습니다. 아무튼, 따귀를 얻어맞고서는 도저히 그 안에 있을 수가 없어 뛰쳐나오고 말았습니다.

한걸음에 숙소에 도착했지만 무서움은 가시지 않았습니다. 한 방을 사용하고 있는 분들이 잠결에 깨어 일어나 사정 얘기를 듣더니 "전도사님이 귀신한테 얻어맞았구먼"이라고 놀리고는, 둘러앉아 나를 위해 기도해 주었습니다.

악령과의 영적 싸움이 시작된 것입니다.

귀신의 실체를 경험한 것은 아주 오래전 일입니다. 시
골 동네 아주머니 한 분이 교회를 다니기 시작했는데 어
느 날 귀신이 들렸다는 소문이 동네에 돌았습니다.

시골교회 목사님은 몇 집사님들과 함께 그 집을 방문했
고 드디어 축사(逐邪)시간이 되었습니다. 어린 나이에 호
기심이 발동하여 열린 문 틈새로 그 과정을 지켜보았습
니다.

기괴한 소리를 내며 발버둥을 치는 아주머니 옆에서 손
뼉 치며 찬송을 부르고 "예수 이름으로 명하노니 귀신은
떠날지어다"라고 선포하시는 목사님과 전쟁이 시작된 것
입니다. 밤늦은 시간까지 영적 전쟁은 계속되었습니다.

그날 이후 그 가족들이 모두 교회 다니기 시작했고 마침
내 구원받은 가정이 되었습니다. 그날 귀신의 존재를 직
접 처음 경험한 것입니다.

귀신의 존재는 사탄의 하수인으로 죄인들을 찾아와 괴
롭히는 일을 하고 있습니다. 사람 몸에 들어가서 각종 질
병을 일으켜 고통스럽게 만듭니다. 어린아이 속에 들어가

간질병을 일으켜 물에도 넘어지고, 불에도 넘어져 죽이려고 합니다. 어떤 사람은 벙어리가 되고 하고, 어떤 이는 미쳐서 무덤 속에서 생활을 하게 하며, 어린 소녀에게 붙어서 점치게 하는 것입니다.

목회가 시작된 어느 날, 젊은 여 집사님이 전화를 하였습니다.

"목사님, 제가 이상해요."
"뭐가 이상해요?"
"제가, 제가 아닌 것 같아요. 제 속에서 저절로 욕이 나와요."

전화 속에서 들려오는 음성은 그 여 집사님의 음성이 아니었습니다. 굵직한 남자 목소리에 술주정꾼의 음성 같았습니다. 며칠 전부터 이상한 낌새를 차리고 친정어머니를 불렀는데 같이 교회로 오셨습니다.

예쁘고 조신한 모습이 아니라 눈에는 핏발이 서 있고 연신 입술을 씰룩거리고 툴툴거리며 따라왔습니다. 여러 성도와 함께 찬송을 부르고 예수 이름으로 선포하며 귀신을 쫓는 사역이 시작되었습니다.

"너는 누구냐? 어디서 왔느냐? 왜 왔느냐?"
"시골 모 절에서 왔는데, 이 X을 잡아 지옥에 데려가려고 왔다."

기도하고, 찬송하고, 선포하고 안수하기를 반복하며 귀신을 쫓아내려고 애써 보았지만, 소용없었습니다. 귀신은 성도들을 둘러보며 비웃기 시작했습니다.

"네가 집사냐? 웃기고 있네."
"너, 남편하고 싸웠지?"

한 명씩 돌아가며 지적질을 하는데 성도들이 그의 눈을 슬슬 피하고 있었습니다. 더욱 큰 소리로 찬송을 부르고, 선포 기도하고, 방언기도를 하면서 "나가라"고 외치지만, 그럴수록 더욱 기승을 부렸습니다.
내 속에서 '아, 이제 더 이상 무엇을 어떻게 할 수가 없다'라는 생각이 들면서 포기 상태에 이르게 되었습니다. 낙심과 절망이 밀려오기 시작했습니다.

'이제 어떻게 해야 하나? 이대로 악령에게 지고 마는 것인가?' 영적인 좌절감이 들었습니다.

'주님, 이제 어떻게 해야 하나요? 저는 더 이상 무엇을 어떻게 해야 할지 모르겠습니다. 주님 도와주십시오. 이 사탄과의 싸움에서 이기게 해 주십시오.'

이 싸움에서 진다면 모여 있는 성도들 앞에서 목사 체면이 구겨지는 것은 물론이요, 앞으로 목회에도 큰 장벽이 설 것 같았습니다. 겉으로는 담대한 척했지만, 속으로는 두 손을 들고 있었습니다.

그때 가족 중 한 명이 갑자기 일어서더니 그 젊은 여 집사님을 끌어안고 펑펑 울면서 "미안해, 미안해. 내가 너를 미워하고 사랑하지 못했던 것을 용서해 줘"라고 했습니다. 여 집사님은 그런 상대를 밀쳐내며 "나를 사랑하지 마. 나를 사랑하지 말라는 말이야"라고 괴성을 지르며 발버둥을 쳤습니다.

순간, 영적 깨달음이 왔습니다. '아, 이 집사님이 사랑이 말라 있었구나.' 중보기도로 모인 이들에게 그분을 사랑하지 못했음을 회개하고 사랑한다고 하며 끌어안도록 했습니다.

그 시간 성령의 불이 타오르기 시작했고 그 자리는 회

개의 울음과 끌어안고 사랑을 고백하는 범벅의 시간이 되었습니다. 그 공간에는 회개 소리와 거부하는 고함이 뒤엉켜 시장통이 되고 말았습니다. 그날 이후 집사님은 다시 정상으로 회복되었고 더욱 행복한 가정으로 변하였습니다.

햇병아리
전도사

부모님이 크리스천이 아니었기 때문에 신학교 1학년을 마치고 2학년이 되면서 경제적으로 독립하기를 원했습니다. 그래서 전도사가 되려고 했습니다. 1970년대에는 시골에 교역자가 없는 교회가 많았습니다. 그런 교회를 찾던 중 전남 담양군 창평면 일산리에 있는 일산교회에 담임 전도사로 부임했습니다. 1979년 4월 4일 수요일, 20살 나이에 전도사가 되었습니다.

부임한 첫날 수요기도회를 인도하려고 교회에 갔더니 백발노인 네 분만 앉아 있었습니다. 주일이 되자 어른 11명이 나왔고, 아이들은 몇 명 되지 않았습니다. 마을을 돌아다니며 전도를 하다 보니 아무래도 어른 전도는 어렵다는 것을 알게 되었고 어린이와 중고등학생 전도에 집중하기로 했습니다.

마음이 뜨겁고 열정이 불타오르는 때라서 열심히 전도를 했더니 1년 후에 중고등학생들이 4, 50명이 교회에 나오게 되었습니다. 재미있는 사역이 시작되었습니다.

40년이 지난 지금도 그 아이들과 연락을 하고 지냅니다. 그중 한 학생이었던 집사님이 전화를 걸어 간증을 했습니다.

"목사님, 제가 중학교 3학년 때 너무 아파서 학교도 못 가고, 집에서는 엄마가 '너는 나가 죽어 버려라'고 할 정도로 힘들었습니다. 학교도 가지 못하고 무기력한 생활을 하고 있었는데 그때 전도사님이 오셔서 전도지를 주며 전도했는데 저는 그 순간 너무 좋았습니다. 누군가가 나에게 말을 걸어 주었다는 그 한 가지만으로도 마음의 빗장이 열렸습니다. 그날 이후 교회를 열심히 다니기 시작했는데 나도 모르는 사이에 병이 나았습니다. 그 이후 지금까지 주님을 잘 섬기고 있습니다. 저를 전도해 주셔서 정말 감사합니다."

일산교회에서 사역할 때 잊지 못할 귀신 역사가 또 있습니다. 중학교 3학년 또래의 여자아이가 있었습니다. 그 아이에게 귀신이 들려 온 동네가 시끄러웠습니다. 어머니는 딸을 고치기 위해 굿을 하고 별의별 방법을 다 써 봤지만 낫지 않았습니다. 그 어머니는 지푸라기라도 잡는 심정으로 아이를 데리고 교회에 왔습니다.

모녀간에 주일예배에 왔는데 아이가 뒤에 앉아서 낄낄대고 성경책을 던지며 난리를 피우고 있는 것입니다. 그렇다고 나가라고 할 수도 없고, 예배 시간에 야단칠 수도 없어서 가만 놔두었는데 예배 시간 내내 혼란케 하는 것입니다.

당시에 저는 축사(逐邪)에 대해 전혀 몰랐습니다. 어머니는 아이가 예배를 방해하는 것에 대해서는 아랑곳하지 않고 아이를 고치려는 마음으로 열심히 데리고 나왔습니다.

필자는 그때까지 귀신의 정체에 대해 몰랐기 때문에 그냥 기도만 했습니다.

어느 날 새벽 이 아이가 필자가 묵고 있는 집 마당에 찾아왔습니다. 이성적으로 접근해 온 것입니다. 하루는 필자가 다니는 신학교 운동장까지 찾아와서 큰소리로 "류철배는 내 애인이다"라고 하였습니다.

당시 학장이셨던 맹용길 목사님께서 나를 부르시더니

"류철배, 너 도대체 무슨 짓을 한 거냐?"라고 하며 마치 이성적으로 잘못을 저질러 정신이상이 된 것처럼 추궁하셨습니다.

중고등부가 부흥하고 재미있게 목회를 하던 필자는 그 여자아이 때문에 너무나 고통스러워서 결국 1년 만에 사임하고 말았습니다. 그 아이를 고쳐주지 못하고 사임한 것이 참 마음이 아팠습니다. 일산교회의 사임은 귀신 들린 어린 소녀에게 쫓겨난 것이나 다름없습니다. 파파라치처럼 달려드는 그 아이를 두고 더 이상 목회할 수가 없었습니다.

사임을 한 다음 주(1980년 5월 10일) 광주 월광교회 윤석재 목사님으로부터 교육 전도사로 오라는 말씀을 듣고 새로운 사역이 시작되었습니다. 그러나 안타깝게도 부임하자마자 5.18 광주 민주화 운동이 발발한 것입니다. 무고한 시민들의 희생은 교회 안까지 몰려들었습니다.

목사님의 조카, 당시 전남대학교 학생이었던 청년이 방 안에 있다가 목 관통 총상을 입고 하반신 마비가 되는 충격적인 사건이 발생하였습니다. 교회에 비상이 걸렸고, 젊은이들은 너도나도 거리행진을 하며 "○○○은 물러가라, ○○○은 물러가라"고 피 맺힌 절규가 시작되었습니다.

평화로운 시위대 앞에 공수부대원의 진입이 웬 말이며, 조용하고 예술의 혼이 서려 있는 광주에서 총성이 웬 날 벼락입니까? 전쟁터가 따로 없었습니다. 어용방송국은 불타 흉물스럽게 변했고, 길거리는 돌멩이와 화염병 조각이 난무하며, 밤이면 총소리와 총탄 날아가는 붉은 빛이 시민들의 마음을 두렵게 하였습니다.

진압부대원이 쏜 흉탄에 신학교 1년 선배가 유명을 달리했습니다. 학생들은 두 편으로 나누어졌습니다. 기도해야 한다는 편과 나가서 싸워야 한다는 편으로 갈라졌습니다. 학생 전체 회의가 열렸고, 교수님들까지 두 편으로 나뉘게 되었습니다. 짧은 시간이었지만 많은 상처를 남기고 폭풍은 지나갔습니다.

월광교회 윤석재 목사님의 사랑을 많이 받았습니다. 윤목사님은 기도를 많이 하시고, 영성이 깊고 인자하셔서, 목회자는 어떤 사람이 되어야 하는지, 목회는 어떻게 해야 하는지 배울 수 있었습니다.

월광교회에서 사역한 지 1년 반이 지났을 때 교회 건축이 시작되었고 필자는 신학교 4학년 졸업반으로 군대에 가게 되었습니다. 그때 목사님은 그동안 수고했다고 격려

금으로 60만 원을 주셨습니다. 당시 교육전도사 사례비로 8만 원을 받은 나에게 60만 원은 상당한 거금이었습니다. 태어나서 처음으로 큰돈을 받아봤지만, 그 60만 원을 고스란히 교회건축헌금으로 드리고 군대에 갔습니다.

그로부터 33년 지난 후 보배로운교회를 2,500평 규모로 건축하는데 200억이 들었습니다. 어느 날 33년 전에 60만 원 건축 헌금한 것이 생각났습니다. 할 일 없는 어느 날 계산해 보았습니다. 200억 나누기 60만 원을 하니 33,333배라는 것을 알게 되었습니다. 하나님께서는 33년 만에 33.333배로 갚아 주신 것입니다.

순종에 대한
첫 번째 시험

1988년, 중고등부 학생 여름 수련회를 갔는데 마지막 날 아버지가 위독하시다는 소식이 왔습니다. 수련회 마무리를 다른 분에게 맡기고 고향으로 달려갔는데 아버지는 이미 의식이 없고 숨만 가쁘게 쉬고 계셨습니다. 불신자였던 아버지는 3년 동안 병상에 누워계셨고, 방학 때마다 고향에 가면 아버지에게 복음을 전했습니다. 결국, 아버지는 예수님을 영접하셨습니다.

토요일이 됐는데 아버지는 계속 같은 상태로 계셨습니다. 형님에게 오늘 서울에 가서 주일예배를 드리고 다시 오겠다고 했더니, "아버지가 이런 상태인데 네가 있어야지. 예배 인도는 다른 사람에게 맡기면 안 되겠니?"라고 하셨습니다. 저는 다시 말씀드리고 서울로 올라왔습니다.

중고등부 예배와 주일 낮 예배를 드리고 오후에 다시 고향으로 가는 도중 여산휴게소에서 전화했는데 아버지가 돌아가셨다고 합니다. 아버지는 1988년 8월 7일 주일날 돌아가셨습니다.

그런데 8월 8~10일, 3일 동안 광주 월광교회 청년부 수련회에 강사로 약속되어 있었습니다. 장례를 치르면서도 어찌해야 할지 몰라 계속 부담이 되었습니다. 월광교회 목사님에게 전화를 걸어 상황을 말씀드렸더니 장례를 잘 치르라고 하면서 수련회 걱정은 안 해도 된다고 하셨지만, 마음속에 부담이 있었습니다.

청년들이 6개월 동안 준비한 수련회를 내가 안 가면 어떻게 하나 밤새 고민했는데 누가복음 9장 60절, "죽은 자들로 자기의 죽은 자들을 장사하게 하고 너는 가서 하나님의 나라를 전파하라"라는 말씀이 계속 생각이 났습니다.

하지만 장례식 도중에 수련회를 간다는 것은 불효자식이 되는 것이고, 아버지는 군내 향교 대표신데, 그 아들이 장례식을 안 치르고 수련회를 간다는 것은 돌팔매를 맞아도 싼 일이 되는 것이었습니다.

'수련회를 해야 하나? 아버지 장례를 치러야 하나?' 밤

새도록 두 마음이 요동쳤습니다. 새벽녘쯤 되어 형님에게 어찌해야 할지 모르겠다고 고민을 얘기했더니 형님은 금세 정답을 말해주셨습니다. "네가 알아서 해라." 이 말을 듣고 수련회에 가기로 했습니다.

그래서 상복을 벗고 양복으로 갈아입은 다음 월요일 새벽에 수련회 장소로 갔습니다. 수련회 온 청년들이 장례식에 있어야 할 사람이 나타나니까 의아해했습니다.

나는 첫 번째 설교시간에 "우리가 앞으로 생활을 하다 보면 어떻게 해야 할지 모르는 갈림길을 만날 때가 있습니다. 그럴 땐 하나님 말씀대로 따라가야 합니다. 나는 이 말씀을 전해주고 싶어서 온 것입니다"라고 했습니다.

수련회를 마치고 났을 때 '하나님께서 나를 시험하셨구나'라는 생각이 들었습니다. 이 첫 번째 순종의 시험은 평생 목회하는데 자랑거리가 되었습니다.

바위야
물러가라

우리 가문에 예수 믿는 사람이 없었기 때문에 혼자 신앙 생활을 했습니다. 그래서인지 하나님은 기도훈련을 아주 많이 시켰습니다. 중학교 1학년 때부터 새벽기도를 다녔고, 신학생 때는 오산리 금식 기도원을 다녔습니다.

홍익교회에서 교육전도사 생활을 하면서도 기도를 열심히 했습니다. 홍익교회에 신현호라는 청년이 있었습니다(현재 강릉대학교 교수). 그 청년도 기도를 많이 했습니다. 그는 고려대학교 학생이었는데 자동차가 있어서 매주 목요일 저녁마다 함께 삼각산기도원에 가서 부르짖어 기도하였습니다.

당시 삼각산에 올라가면 온 산이 쩌렁쩌렁 울릴 정도로 기도 소리로 가득 찼습니다. 그 산에는 1년 365일 기도 소리가 그치지 않았습니다. 목요일 저녁 8시에 가면 12시까지 부르짖으며 기도했습니다. 그렇게 3년을 다녔습니다.

3년 동안 뜨겁게 기도했더니 산을 옮길만한 엄청난 믿음이 생겼습니다. 뜨거운 마음에 나의 믿음을 테스트해보고 싶었습니다. 겨자씨만 한 믿음만 있어도 산을 들어 바다에 던질 수 있다고 하셨는데 나는 바윗덩어리를 날리는 기도를 해야겠다고 생각했습니다.

그래서 바위를 앞에 두고 기도를 열정적으로 했습니다. "바위야, 사라져라. 예수의 이름으로 명하노니, 바위야, 사라져라"라고 소리쳤습니다. 그리고 눈을 떴는데 바위는 여전히 앞에 있었습니다. 너무너무 실망하고 허탈해서 하나님께 하소연했습니다.

"3년 동안 산에 다니면서 기도했는데 겨자씨만 한 믿음도 없었네요. 이게 뭡니까? 나에게 이런 믿음도 없었습니까?"

또다시 기도했습니다. "바위야, 사라져라. 당장 사라져라." 그리고 눈을 떴는데 바위가 없습니다. 바위가 옆에 있는 겁니다. 기도하면서 몸이 돌아가서 안 보였던 것입니다. 또다시 실망 되었습니다.

그때 하나님의 음성이 들렸습니다. "류철배, 너, 교주 될래?" 이단 교주가 뭡니까? 자기가 기도하는 대로, 말하는 대로 다 이루어진다고 큰소리치는 사람이 교주입니다. 나는 마음이 풀어지면서 "아, 하나님, 제가 잘못했습니다. 엎드리겠습니다"라고 기도했습니다.

그 후 그 청년은 유학을 갔고 차가 없으므로 더 이상 삼각산에 갈 수 없었습니다. 그 이후로는 철조망이 쳐져서 삼각산에 올라갈 수도 없었습니다.

그때 무슨 능력이 생겼는지 나는 모릅니다. 하지만 지금 목회하며 생각해보면 중학교 때부터 다녔던 새벽기도, 오산리 금식 기도원에 방학 때마다 가서 금식기도하고 축사기도 했던 것, 산기도 다녔던 것, 이 모든 기도를 하나님께서 저축해놓으시고 목회하면서 필요할 때마다 자양분을 빼서 쓰듯이 많은 기적이 일어나게 하셨습니다. 집회할 때마다 수많은 병자가 치유되었습니다. 시력과 청력이 회복되고 뼈와 관련된 수많은 병이 치유되었습니다.

두 번째
순종에 대한 시험

　1991년 말 성지교회에 부임하였습니다 (담임 이용일 목사님). 이전까지는 단칸방에서 살았습니다. 화장실 하나를 여덟 집이 같이 사용하는 데서도 살아보니 셋방살이가 얼마나 서러운지 알게 되었습니다.

　성지교회 전임 전도사로 부임했더니 13평짜리 아파트를 주셨습니다. 당시 아이 둘이 있었는데, 우리 가족만 쓸 수 있는 주방, 화장실이 있다는 게 얼마나 좋은지 몰랐습니다. 마치 천국 같았습니다.

　또 심방용으로 프라이드 자동차를 주셨습니다. 차를 타고 오는 동안 아내는 계속 차를 만지면서 감격하였습니다. 주차장이 없어서 눈이 오는 날 갓길에 주차해놓고 들어갔는데 추운 날 밖에 차를 세워 둔 게 너무 미안했습니다. 집 안에 있는 보자기를 들고 나가 차를 덮어 주었습니다. '밤새 누가 차를 훔쳐 가진 않을까?' 걱정되었습니다.

전에 살던 집은 한옥이라서 겨울이 되면 연탄불을 피우고, 옷을 껴입고, 두꺼운 이불을 덮고 자도 추웠습니다. 그런데 아파트에서는 아무것도 안 입어도 따뜻하고 수도꼭지만 틀면 뜨거운 물이 나온다는 게 너무 신기했습니다. 내 인생에 강남 아파트에 살고 자동차가 있다니... 생애 처음으로 폼나는 시간을 보냈습니다. 가난한 신학생 생활에서 하루아침에 팔자가 달라졌습니다.

교회에서 은사 집회가 열렸습니다. 하나님께서 집회 동안 기적을 많이 베푸셨는데, 한 여 집사님을 성령 충만케 하셔서 그분을 통해 필자에게 선교사로 가라고 말씀해 주셨습니다. 그때는 아이들이 너무 어려서 갈 형편이 아니었는데 기도할 때마다 계속 선교사로 가라고 하셨습니다. 구체적으로 미얀마의 어느 지역으로 가라고 말씀하셨습니다.

"하나님, 저는 미얀마 말을 못 합니다"라고 했더니 미얀마 방언을 주겠다고 하셨습니다. 그 후 나의 방언이 바뀌면서 미얀마 방언을 하게 되었습니다. 그래도 이런저런 핑계를 대며 거부했습니다.

아이들이 있어서 갈 수가 없다고 기도했더니, 하나님께서 "그러면 아이들을 두고 가라. 내가 너희 부부보다 더 잘 키울 수 있는 집에 아이들을 맡기겠다"라고 하셨습니다.

그래도 순종하지 않자, 하나님께서는 무서운 말씀을 하셨습니다. "왜 아이들에게 집착하느냐? 내가 애들을 데려가면 어떻게 하려느냐?"라는 말씀을 하셨습니다.

그 말씀을 듣고는 순종하지 않을 수 없었습니다. 눈물 흘리며 순종하겠다고 했습니다. 그 후 밤마다 성전에 올라가서 기도했습니다. 두 손 들고 울면서 "주님, 제가 순종하겠습니다. 제가 선교사로 가겠습니다"라고 기도할 때 성령 하나님이 뒤에서 저를 안으며 위로해주셨습니다. 저는 지금도 그 느낌을 잊을 수 없습니다. 선교 갈 마음의 준비를 다 하고 기도하면서 상황적인 변화가 있기를 기다렸습니다.

그렇게 1년이 지나도록 아무런 변화가 없고 마음이 식기 시작했습니다. 이듬해 여러 장로님을 모시고 일주일 정도 미얀마로 답사를 가는 일정이 있었습니다. 미얀마에 도착해서 짐을 푸는데 기분이 묘했습니다. 하나님이

가라고 가라고 하시더니 왜 선교를 안 보내시는지 의아했습니다.

왜 지금 미얀마 땅에 오게 하신 건지, 왜 일주일만 맛보게 하시는 건지, 하나님의 뜻이 무엇인지 의문을 품고 기도했습니다. 그때 하나님께서 "내가 너를 시험한 것이다"라고 하셨습니다. "네가 선교하겠다는 마음을 받았다. 앞으로 너 혼자 선교하는 것보다 더 많은 선교를 하게 될 것이다"라고 말씀하셨습니다.

미얀마 현지인 목사님 댁에 방문했는데 아들이 소아마비였습니다. 선천성 소아마비라 걷지를 못하고 엉덩이로 밀고 다녔습니다. 미얀마 선교사님은 그 아이를 내 무릎에 앉혀 놓고 다짜고짜 기도해달라고 했습니다.

얼떨결에 그 아이를 품에 안고 간절히 기도했습니다. 그리고 "일어나 걸으라"고 했더니 정말로 일어나 걷게 되었습니다. 한 발, 한 발 걷는 겁니다. 같이 간 사람들이 전부 놀라는 사건이었습니다. 지금은 그 아이가 청년이 되었고 건강하게 대학도 다닌다고 합니다.

몇 년 후 미얀마에 다시 방문했는데 그 선교사님이 현

지 교회에 듣지도 못하고, 말도 못 하는 아이를 데리고 왔습니다. "전에 데이비드를 기도해서 낫게 하셨잖아요. 목사님, 능력 있는 줄 압니다. 이 아이를 위해서도 기도해주세요"라고 하면서 또 무릎에 앉혔습니다.

그 아이를 위해 간절히 기도했습니다. 그리고 들리든 말든 "따라서 해라"고 하고 귀에다 대고 "아멘"이라고 말했는데, 아이가 "아~멘"이라고 하는 것입니다. 그렇게 아이가 듣고 말하게 되는 기적이 일어났습니다. 그 후 그 아이는 수다쟁이가 되었다고 합니다.

선교사로 가라는 두 번째 시험을 통과한 날입니다.

개척교회 시작

부목사 생활이 오래되면서 진로에 대해 조급증이 생겼습니다. 부목사의 진로는 크게 보면 세 곳 중 하나입니다.

1) 청빙 받아 담임목사로 가는 길

이 길은 줄도 없고 백도 없어서 기대하지 않기로 했습니다.

2) 선교사로 가는 길

이 길은 가려고 했는데 하나님이 안 보내주시니 내려놓기로 했습니다.

3) 교회를 개척하는 길

이 길은 자금이 있고, 도와주는 이들이 있어야 하는데... 이것도 어려운 일입니다.

'갈 데가 없으면 어떡하나?' 밤마다 교회에 가서 진로를 놓고 기도했습니다. 손에 잡히는 것은 아무것도 없었지만, 구체적인 그림을 그려 가면서 기도하기로 했습니다. 아기도 태어나면 이름이 중요하듯 매일 저녁 기도하면서 성경 속에서 교회 이름을 찾았습니다.

"네가 내 눈에 보배롭고 존귀하며 내가 너를 사랑하였은즉 내가 네 대신 사람들을 내어 주며 백성들이 네 생명을 대신하리니 두려워하지 말라 내가 너와 함께 하여 네 자손을 동쪽에서부터 오게 하며 서쪽에서부터 너를 모을 것이며"(사 43:4, 5).

이 말씀을 보고 '보배로운교회'라고 이름을 지어 놓고 기도하기 시작했습니다. 릭 웨렌 목사님의 '새들백교회 이야기'라는 책을 봤는데, 그 목사님은 교회를 개척하기 전에 교회 근처 현장을 살피면서, 그 현장이 요구하는 것을 파악해야 한다는 것을 강조하고 있었습니다. 그래서 기도 중에 세 가지 비전을 세우게 되었습니다.

1)선교센터   2)실버타운   3)아가페타운

아무것도 가진 게 없었지만, 교회 이름을 지어 놓고, 세 가지 비전을 위해 기도했습니다.

'쓰면 이루어진다'라는 책을 읽고 목표를 세웠습니다. 개척 초기 "등록 교인 40명일 때는 전교인 찬양예배를 드리고, 50명일 때는 지역 불우이웃에게 식사 대접을 하고, 80명일 때는 개척교회를 지원하고, 100명일 때는 선교사 후원을 하고 1,000명일 때는 복합선교센터를 헌당한다"라는 목표를 적어 놓고 기도하기 시작했습니다.

그렇게 기도하던 어느 날 성지교회가 창립 20주년이 되는 해 개척교회를 세우자고 당회에서 결정하였습니다. 당회 내용을 알아보니 시골에다 2천만 원으로 개척교회를 세우겠다는 것입니다.

나는 반대했습니다. "그건 생색내기입니다. 이농현상이 더 심해지고 있습니다. 2천만 원 들여서 건물 하나 짓는 것으로는 개척교회를 할 수가 없습니다. 정말 교회를 세우려면 도시권에다 세워야 합니다"라고 했습니다. 그래서 다시 1억을 예산으로 세웠습니다.

1997년 10월 교회 개척 계획을 세우는데 IMF가 터졌습니다. 그러자 예산이 5천만 원으로 삭감되었습니다. 교회가 어려운 것도 아니었는데 IMF 때문에 줄어든 것입니다.

나에게 기회가 주어져 그 오천만 원 받아 여기저기 알아보던 중 수원 영통지구에 신도시가 생긴다는 것을 알고, 보증금 5천만 원, 월세가 100만 원인 건물을 얻게 되었습니다. 교회에서는 생활비 70만 원을 1년 동안 후원해 주기로 결정했습니다. 그렇게 하여 40평짜리 상가에서 1998년 1월 교회 개척이 시작되었습니다.

다음은 그 당시 아내의 간증입니다.

• • •

"성지교회에서 개척하겠다는 결정이 났고 저희는 저녁 9시가 되면 교회에 가서 개척을 위해 기도했지만, 저로서는 개척하기 싫었습니다. 그래서 '개척이 물러갈지어다. 하나님, 개척은 절대 안 됩니다. 하나님, 큰 교회에서 청빙이 들어오게 해 주세요'라고 기도했습니다. 저는 믿음의 집안 출신이 아니고, 목사님 만나서 신앙생활을 시작했기 때문에 믿음도 부족하고, 가정주부여서 개척이 너무 부담스러웠습니다. 그런데 하루는 기도하는데 불이 확 퍼지면서 '쿵'하는 소리가 난 것입니다.

눈을 떴는지 감았는지 모르겠는데, 하늘에서 사다리 하나가 내려오는 것입니다. 느낌에 야곱의 사닥다리였습니다. 사다리가 튼튼하지 않고 가늘어서 '뭐 이리 시원찮은 사다리가 내려왔을까'라고 생각했는데 '하늘 보좌까지 닿아있다'라는 음성이 들렸습니다. 여러 사람이 그 사다리를 올라가려고 모여 있었습니다. 그걸 보고 '아, 우리가 개척해도 따를 사람들이 많겠구나'라는 마음이 들어서 개척에 찬성하게 되었습니다.

그렇게 40평 상가를 얻어 교회를 꾸미는데 인건비가 너무 비싸(일당 7만 원) 남편 혼자 페인트칠을 다 했습니다. 장판을 깔고 신혼집처럼 예쁘게 꾸며놓았습니다. 장의자는 성지교회에서 버리려고 창고에 쌓아 둔 것을 몽땅 옮겨 왔습니다. 사무실도 만들고, 부엌도 만들고, 유아실도 만들고...

주방에 필요한 식기류를 사면서 '이 수저로 먹을 사람이 올까? 밥그릇이 몇 개나 필요할까?'라는 생각에 눈물이 나고 기대도 되었습니다.

막냇동생 부부가 언니가 개척한다고 하니까 왔습니다. 그때부터 지금까지 24년 동안 교회를 나오고 있습니다.

성지교회에서 몇 가정이 오는데 밥하는 사람이 없었습니다. 올케들이 김치찌개를 집에서 준비하여 차에 실어 교회로 날라다 주었습니다.

그로부터 한 달 정도 지났을 때 처음으로 등록 교인이 생겼습니다. 여자아이 둘 데리고 부부가 왔는데 눈물이 핑 돌았습니다. 개척이 안 되면 어딘가로 도망가버릴 생각을 했었는데 등록하니까 '나는 여기에 뼈를 묻어야겠구나'라는 생각이 들었습니다. 반갑고 기쁘면서도 착잡한 눈물이 흘렀습니다.

그분들이 등록하자, 신기하게도 등록이 줄줄 이어졌습니다. 젊은 엄마들이 늘어 가는데 감당할 수 없었습니다. 아이들을 돌보는 게 힘들었습니다. 살짝 투덜거리며 기도하는데 어느 날 하나님께서 '친정엄마가 되어라'라고 하시는 겁니다. 그 말씀을 듣는 동시에 모든 시름 걱정이 해결되었습니다.

'우리 엄마가 나보다 능력은 없지만 나를 누구보다 사랑하시지'라는 생각이 들었기 때문입니다. 그다음부터는 자신감이 생기고 열등감이 사라지면서 '내가 엄마야'라는 마음을 가지게 되었습니다.

성도들이 아이들을 유아실에 데려다 놓으면 한 시간 내내 아이들을 관리하는데 감당이 안 되었습니다. 또 마음 속으로 투덜거리며 기도하는데 하나님께서 '외할머니가 되어라'라고 하시는 겁니다. 그 이후부터는 아이들이 오면 '우리 강아지들 왔나'라고 하면서 반기는 사람이 되었습니다.

사다리가 너무 가늘다고 했잖아요. 그래서 개척교회 하면서도 너무 불안했습니다. 그런데 지금은 이렇게 큰 교회가 되었는데 그때 '왜 그런 사다리를 보여주셨나요'라고 했더니 하나님께서 '네가 두렵고 떨림으로 하나하나 조심조심 올라가라는 뜻이었다'라고 하셨습니다."

개척교회 위기

1998년 12월, 개척한 지 1년이 안 됐는데 40평 성전에 186명이 출석했습니다. 재적은 200명이 넘었습니다. 발이 닳도록 전도하러 다녔습니다.

나중에 알게 되었지만, 그때 동네 아파트 곳곳을 다닌 것이 아내 디스크의 원인이었습니다. 그때는 젊어서 몰랐습니다. 그 당시에 관해 아내의 간증입니다.

"눈이 많이 와서 영통 지역이 겨울에 몹시 추웠습니다. 아파트 벨을 눌러도 아무도 안 열어주었습니다. 그렇다고 전도를 안 할 수도 없고, 할 수도 없고... 그래도 매일 전도했습니다. 또 목사님이 바쁠 때는 혼자 아파트 현관문에다 주보를 붙였는데, 청소 아주머니가 그것들을 몽땅 수

거해 가는 것입니다. 얼마나 속상한지요.

알아보니 청소하는 아주머니들이 토요일은 쉬더라고요. 그래서 토요일 오후에 아이들과 함께 열심히 모든 아파트에 주보를 붙였습니다. 토요일이 되면 신도시에 이사 온 주민들이 주일에 어느 교회에 갈까 고민할 것 같았습니다. 토요일 오후에 우리 교회 주보를 보면 올 것으로 생각했습니다.

아이들에게 아파트 한 동을 다 붙이면 아르바이트비 500원을 주기로 했는데 한창 사춘기인 아이들이 창피하니까 저녁에 사람 없을 때 돌리기도 하였습니다."

40평 좁은 상가 교회에 주일 출석이 200명이 넘으니까 감당할 수가 없어서, 2년 계약했지만, 1년 만에 옮기게 되었습니다. 그러나 건물주가 계약대로 2년을 살아야지 그렇게 빨리 내보내 줄 수가 없다고 해서, 법적 다툼까지 하게 되었습니다.

결국, 1,300만 원 정도 손해를 보고, 40평에서 100평짜리로 옮겼지만, 그 과정에서 교인들하고 갈등이 생겼습니다. IMF 시기인데 돈이 억대로 들어가니까 남선교회 회원들은 40평에서도 1, 2부로 나누면 충분히 예배가 가능한데 목사님이 욕심부린다고 생각했습니다.

　나는 교회가 부흥하려면 규모도 커져야 한다고 설득했습니다. "교회가 커져야 부흥한다"와 "목사님의 욕심이다" 두 의견이 충돌했습니다.

　여기저기서 돈을 빌려 결국 1년 만에 100평으로 옮기고 최소 돈을 들여 인테리어를 했는데, 반대했던 분들이 다 흩어졌습니다. 교회를 큰 데로 옮겨서 좋아졌지만, 내적인 갈등으로 충격이 심했습니다. 그래서 저에게 우울증이 왔습니다.

　밥맛이 없고, 잠도 오지 않고, 의욕을 잃어서 만사가 귀찮아졌습니다. 이 모든 것이 복합적으로 들어오면서 우울증이 시작되었습니다. 아무것도 하기 싫었습니다. 영혼 없는 설교로 겨우 버텨나가는데, 3개월쯤 지나니까 '아, 내가 목회를 못 하겠다'라는 생각이 들었습니다. 완전히 바닥으로 떨어진 것입니다.

　그러던 어느 날 불가항력적인 하나님의 은혜가 임하였습니다. 아침에 세면 하는데 "너, 왜 이러고 있느냐? 내가 너를 믿고 교회를 맡겼는데 왜 이러고 있느냐?"라는 야단치시는 하나님의 음성이 들렸습니다. 그 순간 눈물이 너무 나서 교회로 달려갔습니다.

강단에 엎드려 있는데 "내가 너를 믿고"라는 말씀에 계속 눈물이 펑펑 났습니다. 하나님이 나를 믿고 교회를 맡겨주었는데 이런 마음을 품었다는 게 죄송해서 눈물이 났습니다. 한없이 회개했습니다.

그때 "너의 열정이 너를 사로잡는다"라는 하나님의 말씀이 들어오는 순간 깨달아졌습니다. '지금까지 인간적인 열정을 갖고 했구나.' 뜨겁게 전도해서 1년 만에 200명 만 들었지만, 내 속에 '내가 했다'라는 교만이 있었던 것입니다. 하나님 보시기에 교만이 싹튼 것입니다. 하나님은 이 사건으로 교만의 싹을 자른 것입니다.

성령을 따라
목회하라

하나님이 또 말씀해 주셨습니다.

"이제부터는 성령을 따라 목회해라."

이 말씀을 듣고 또 한 번 울음이 터지는데, 아까는 죄송해서 울었고 지금은 감사해서 울었습니다. '아, 하나님이 다시 한번 기회를 주시는구나.' 그렇게 하나님 앞에서 회개와 감사의 눈물을 흘리고 성령을 따라 목회하는 것이 뭔가 생각했습니다.

그동안 선배들에게 많이 들었지만, 막상 성령으로 목회하려고 하니, 어떻게 하는 것인지 몰라서 무턱대고 새벽마다 기도하기 시작했습니다. 뭐가 뭔지 알 수 없지만,

성령을 따라 목회하겠다는 주제만 가지고 기도했습니다.

그렇게 기도하다가 뭔가 머릿속에서 떠오르는 것이 있으면 메모해두고, 설교 준비를 하고, 글을 쓰기 시작했습니다. 이 모든 것들이 자연스럽게 되는 겁니다.

그 생활이 계속 이어지다 보니까 어느덧 수필을 쓰게 되고, 목회 칼럼을 쓰고, 목회 계획이 세워지고, 그 계획을 중직자들과 의논하고 진행하는데, 그때부터 실수가 줄어들었습니다.

그날 이후 새벽기도회가 끝나고 나서 강단에 엎드려 있는 시간, 그 시간이 나에게는 굉장히 중요한 시간이 되었습니다. 그날 이후 지금까지 20년 동안 교회 내 갈등이 한 번도 없었습니다. 매년 부흥해가는 과정에 있었습니다.

그때 우울증으로 원형탈모가 생기고, 거식증이 생기고, 잠도 안 오고, 갈등 때문에 많은 교인이 나갔습니다. 그런데 하나님의 음성을 듣고 강단에 엎드려 기도하면서부터 좋은 분들이 교회에 들어오는 것입니다. 교회가 다시 회복되자, 교인이 늘고, 재정도 채워져서 점점 부흥하게 되었습니다. 그때 오셨던 분들이 지금의 장로님, 권사님, 안수 집사님, 중직자들이십니다.

100평 상가, 실평수 60평으로 교회를 옮겼는데 또 300명으로 부흥하였습니다. 또 확장해야 하는 시기가 온 것입니다. 중심 상가 쪽 300평 정도의 유치원 빈 땅이 있었습니다. 4억에 나온 그 부지를 토지공사에 가서 4천만 원 주고 계약했습니다. 그런데 이것을 또 반대하는 성도들이 있었습니다.

교회가 미래 비전을 보고 땅을 마련해야 하는데 또 목사님이 욕심부린다는 것입니다. 갈등이 생기고 사람들이 떠나는 것이 반복되었습니다. 이것 때문에 문제가 생겨서는 안 될 것 같아 너무너무 아쉽지만, 계약을 취소했습니다.
영통의 중심지인 그 부지는 여러모로 볼 때 정말 좋은 땅이었습니다. 교인들은 미래를 보지 못하는 것입니다. 당장 눈앞만 보고 반대하니 매우 아쉬웠습니다. 그런데도 갈등을 일으키면 안 된다는 생각에 취소한 것입니다.

방향을 바꿔 상가 7층 전체를 임대하기로 했습니다. 2년이 지난 후 또다시 300, 400명으로 부흥하니까 결국엔 옮기게 되었습니다. 산 아래 700평 땅에 부도난 큰 건물을 두고 교인들이 집 담보로 대출받아 주고, 돈도 모아

주고, 대출받아 아주 수월하게 성전을 이전할 수 있었습니다. 거기에서 10년 정도 머물렀습니다. 이때가 2003년이었습니다.

사탄의
멱살을 잡고

교회부지 바로 위에 식당 건물이 있었습니다. 이 건물은 건축하고 곧바로 부도나서 식당 오픈도 하지 못한 채 자물쇠로 잠가 있었습니다. 건물 안에는 온갖 쓰레기와 술병, 담배꽁초만 가득한 폐가였습니다.

교육관이 절실했기 때문에 성도들은 그 건물 매입을 위해 열심히 기도하기 시작했습니다. 어느 날 새벽기도 끝나고 사무실에 들어가서 잠이 들었는데 1시간 반 정도 시간이 갔습니다. 그사이에 가위눌림을 당했습니다.

'아, 사탄이 역사하는구나!' 의식은 있었지만 꼼짝할 수 없었습니다. 눈을 뜨면 끝날 것 같은데 눈을 뜰 수 없었습니다. 손가락 하나, 발가락 하나 움직일 수 없었습니다. 숨이 점점 더 막혀오기 시작했습니다.

가위눌림이 점점 더 강해지는데 머릿속으로만 '사탄아, 물러가라'고 외쳤지만, 숨을 쉴 수 없을 정도로 더 조여 왔습니다. 기도 제목을 바꿔 머릿속으로 '예수 이름으로 선포하노라. 사탄아, 네 정체를 드러내라'라고 외쳤습니다.

잠시 후 사탄이 정체를 드러내기 시작하는데 어떤 만화책에서도 본 적이 없는 끔찍한 동물 같은, 바닷속의 해괴망측한 물체 같은 것이 보이는데, 태어나서 지금까지 상상도 해본 적이 없는 징그럽고 무섭게 생긴 존재가 나타났습니다.

그것이 나를 내려다보면서 잡아먹으려고 달려드는데 너무너무 무서웠습니다. 그 순간 예수 이름을 외치면서 멱살을 부여잡고 영적인 싸움을 하기 시작했습니다. 2층 사무실에서 교회 마당까지 가는 동안 옆에 있는 권사님들에게 "보세요. 내가 마귀 대장을 잡았어요"라고 외치지만 그분들은 보지 못하는 것 같았습니다.

교회 마당에 있는 맨홀까지 왔는데 갑자기 성령의 불이 올라와 사탄을 불태웠습니다. 그리고 깨어났습니다. 한 시간 반 동안 이어진 영적 싸움이었습니다.

그러고 나서 그 위에 있는 상가 건물을 매입하고 그 건물에서 집회를 하였는데 놀라운 치유와 성령의 역사가 일어났습니다. 교회가 엄청나게 부흥하였습니다. 하나님께서 교회를 부흥시키실 때는 성령의 불길이 일어나게 하며 부흥시키십니다.

그 건물 이름을 '라마나욧'이라고 정했습니다(삼상 19:18 절 이하). 사무엘의 고향이요, 다윗이 사울 왕을 피하여 있던 곳으로 선지자 학교가 있던 곳입니다. 성령의 역사가 강하게 일어나므로 다윗을 뒤쫓아 왔던 사울마저 하나님의 영에 감동되어 예언했던 곳입니다.

'라마나욧' 성전에서 매주 금요일 저녁 산상 기도회를 진행하였습니다. 성도들 사이에 성령의 역사가 강하게 일어났습니다. 방언이 터지며, 디스크 환자가 고침 받고, 짝발, 짝 손이 성도들이 보는 앞에서 길어남으로 손끝, 발끝이 맞아지는 역사가 일어나고, 시력이 회복되기도 했습니다.

성령의 역사와 함께 교회 부흥은 요원의 불길처럼 타올랐습니다. 사탄을 잡아 불태웠던 그때, 짧은 기간에 가장 빨리 교회가 수직으로 상승하였습니다.

세 번째
순종의 시험

교회가 천여 명 정도로 부흥하니까 또 성전 공간이 부족했습니다. 교육관이 없어서 컨테이너를 쌓아놓고 지내다가 결국 제직회를 통해 성전을 짓기로 결정했습니다. 성전 건축은 모든 성도의 바람일 뿐 아니라 목사에게도 큰 축복의 기회입니다.

구체적인 설계안을 놓고 건축 이야기가 무르익어갈 즈음 기도하면 건축에 대한 것이 아니라 선교하라는 말씀이 계속 들려왔습니다. 건축을 위해 기도하다 보면 어느덧 선교를 위해 기도하고 있고, 고개를 흔들며 건축을 위해 기도하면 또 어느새 선교를 위한 기도가 나오는 것입니다. 교회 중직자들을 모아 놓고 이러이러하다고 설명했습니다.

그리고 선교하겠다고 하니까 반발이 일어났습니다. 제 직회에서 성전을 짓기로 해 놓고 왜 목사 혼자 독단적으로 뒤집느냐는 것입니다. 하나님께서 그렇게 하라고 말씀하신다고 설득하는데 꽤 시간이 흘러갔습니다.

그리고 시작된 것이 방글라데시 선교입니다. 기왕 선교하는 것, 남들이 가지 않는 곳, 가장 가난한 나라를 찾고 보니 방글라데시였습니다. 당시 방글라데시는 유엔 지정 최빈국이었습니다. 남한 2/3만 한 면적에 인구는 1억 6천만 명으로 인구 밀도가 가장 높은 나라 중 하나입니다.

공항에서 내렸을 때 첫 느낌은 시골 읍내 터미널에 온 것 같았습니다. 퀴퀴한 냄새가 났고, 공항을 구경하기 위해 철망에 매달려 있는 사람들의 눈망울에서 금세라도 눈물방울이 떨어질 것 같은 처량함이 느껴졌습니다.

여관 같은 호텔에서 하룻밤을 묵은 후 수도 다카에서 북쪽으로 3시간을 달려 도착한 곳은 쑈끼볼이라는 한적한 시골이었습니다. 한국 손님들을 맞이하기 위해 준비된 아이들의 환영식은 닫혀 있는 마음의 문을 활짝 열기에 충분했습니다.

피부는 까무잡잡했지만, 흑진주같이 초롱초롱한 눈망

울에 이목구비가 또렷한 아이들이 춤을 추며 꽃목걸이를 하나씩 걸어주는 것으로 환영식은 끝났습니다.

초등학생들이 공부하고 있다는 건물은 다 낡은 양철 지붕 아래 교실마다 희미한 형광등 하나씩이 깜빡거리고 있었습니다(전력이 약해서). 공항에서 맡았던 퀴퀴한 냄새는 교실 안에서도 동일했습니다. 그런데도 아이들은 선생님을 따라 열심히 큰 소리로 책을 읽고 공부하고 있었습니다.

분필을 사용하는 칠판은 판자를 덕지덕지 이어 붙인 듯 글씨는 쓰다가 깨지고 쓰다가 깨져 있었습니다. 그래도 아이들 얼굴은 해맑아 보였습니다. 행복지수 1위라는 나라, 아이러니합니다. 초등학교를 졸업하는 아이들이 중학교가 없어 벽돌 깨는 공장으로 가든지, 여자아이들은 13세부터 조혼한답니다.

선교사님은 이 아이들을 위해 중학교를 건립해 달라는 주문을 했습니다. 이 초등학교만 한 크기(양철 지붕에 교실 몇 칸)의 학교를 세우는데 당시 한국 돈 500만 원이면 된답니다. 교회에서 와서 보고했더니 집사님 한 가정이 통째로 헌금을 했습니다.

다음에 방문했을 때 선교팀 모두의 한결같은 의견은 초등학교 같은 건물은 짓고 싶지 않다는 것입니다. 우선 땅을 매입하기로 했습니다. 땅 1평에 1만 원 - 500평을 매입했습니다. 다음에는 추가로 1,500평을 더 매입하고 건축을 시작했습니다.

교실 10칸을 현대식으로 짓는데 약 1억 원이 들었습니다. 교인들에게 자세하게 설명했더니 10가정이 교실 한 칸씩 헌금하기로 하여 금세 건축비가 채워져 버렸습니다. 할렐루야! 교실 앞에 기증하신 분들의 이름을 동판에 새겨 붙여 드림으로 기념하게 했습니다.

2022년, 지금은 유치원이 3개(예안교회 후원), 초등학교(하예성교회 후원), 중고등학교(보배로운교회 후원)가 있는데 전체 학생은 500명 정도 됩니다. 이 학교를 운영하는데 매달 천만 원 정도 비용이 듭니다. 학교 이름은 보배 미션 하이스쿨입니다. 15년이 지난 지금도 아주 잘 운영되고 있습니다.

선교하느라 7년 동안 보류했던 성전 건축은 2014년 2,500평 규모의 교회로 입당하였습니다. 7년 전에 성전을 지을 기회가 있었지만, 하나님 명령 따라 선교했더니 선교도 성공하고, 교회는 두 배 규모로 세워주셨습니다.

만약 7년 전, 제직회 결의에 따라 건축했더라면 약

1,500평이 안 되게 작게 지었을 것이고 건축하는 동안 선교는 물 건너갔을 것입니다. 출석 교인 수를 2,000명으로 늘려주셨습니다. 하나님 말씀에 순종하는 것이 얼마나 귀한 것임을 다시 한번 깨달았습니다.

이게 세 번째 순종입니다. 그동안 하나님께서는 나를 크게 세 번 시험하신 겁니다. 나는 이 세 번의 시험을 잘 통과했다고 생각합니다. 아버지가 소천 하셨을 때, 선교사로 가라고 하셨을 때, 성전 짓지 말고 선교하라고 하셨을 때 잘 통과했습니다.

이제 하나님께서 나를 시험하시고 순종하면 얼마나 크고 놀라운 복을 주시는지를 알기 때문에, 설교할 때마다 순종하라고 외칩니다.

건축 이야기

성전 건축을 시작할 때 7억의 빚이 있었습니다. 땅 사고 건물 짓는 것에 200억이 들었습니다. 10여 년 전 성전 건축하다가 부도난 교회들이 많았습니다.

지으면서도 얼마나 걱정이 많았는지... 항상 살얼음판을 걸어왔다고 생각합니다. 매일 저녁기도회를 하며 건축을 위해 기도했습니다. 주변에 보면 성전 건축하는 과정에 어려운 일이 대단히 많습니다. 회사가 부도나기도 하고, 건축비를 못 줘서 공사가 중단되기도 하고, 유치권 행사도 들어가고, 마음 잘못 먹으면 건축위원장이 돈을 횡령하는 일들이 일어나곤 합니다.

하지만 감사하게도 보배로운교회를 2년 동안 건축하면서 민원도, 사고도, 돈 문제도, 단 한 건의 문제도 일어나지 않았습니다. 신기하게도 그해 여름에는 태풍도 없었습니다. 그래서 건축하는 데 어려움이 없었습니다. 교인들과의 갈등 없이 진행되었습니다.

정말 아무 예산도 없이 시작했습니다. 다만 구 성전 땅 1,800평이 팔리면 된다고 믿고 시작했습니다. 나중에 땅이 팔렸지만, 건축비로는 쓸 수가 없었습니다. 그러나 어마어마한 건축비를 하나님이 해결해주셨습니다.

교회를 지을 땅 뒤편으로 많은 주택이 들어와 있었습니다. 그곳 만 평이 종중 땅입니다. 종중 땅은 쪼개서 팔지 않고 통째로 팝니다. 땅값만 60억 정도인데 분할해서는 팔지 않겠답니다.

종중회장을 만나 교회를 지으려 하니 일부를 쪼개서 팔라고 했습니다. 기가 막혔는지 회장은 웃기만 했습니다. 그래서 이 땅을 놓고 기도했습니다. "인간적으론 분할해서 팔지 않는 것이 상식인데, 만약 종중에서 분할해 판다고 하면 여기에 하나님께서 성전을 짓는다는 사인으로 받겠습니다"라고 기도하기 시작했습니다.

종중에는 재산을 움직이는 이사 17명이 있습니다. 땅 앞부분에 교회를 지으면 뒤쪽이 죽어버리기 때문에 그분들은 당연히 싫어했습니다. 안 된다고 해도 나는 계속 기도

했습니다.

그런데 종중회장님이 나를 만나면서 신뢰해주시는 겁니다. 그 후 종중 이사들에게 목사님의 좋은 점을 설명하고 설득하며 한 명 한 명 도장을 받아와 900평 정도를 살 수 있었습니다. 이건 하나님의 응답이었습니다. '아, 하나님께서 이 땅에 성전을 지으라고 하시는구나.' 그래서 교인들에게 말했더니 이렇게 좋은 땅이 있었냐고 다들 감탄했습니다.

교회 부지를 사다 보면 주인이 여러 사람일 경우가 있습니다. 그 가운데 80평 정도 귀신 나올 것 같은 집이 있는데, 집주인 할아버지는 아무리 말해도 팔지 않겠다고 했습니다. 대대로 살던 땅이어서 안 판다는 겁니다. 처음에는 건축 위원들이 찾아가서 말했는데 절대로 안 판다고 했습니다. 완전히 알박기였습니다. 교회 부지 한가운데 있는 땅입니다.

내가 찾아가서 "저는 보배로운교회 목사입니다. 교회를 지으려고 합니다"라고 정직하게 말했더니 할아버지께서 "진작 교회 짓는다고 말을 하지 왜 상가를 짓는다고 했어요?"라고 하며 마음을 열고 허락해 주셨습니다.

처음에 건축 위원들이 땅을 팔지 않을까 봐 교회가 아

니라 상가를 짓겠다고 한 것입니다. 하지만 나는 기도하면서 정직하게 말해야겠다고 생각했습니다. 그 할아버지도 크리스천이어서 교회를 짓는다는 말에 반색하며 좋아했습니다.

그래서 그 땅을 10억 정도에 계약했습니다. 10억에 사고팔면 양도세를 3억을 내야 했습니다. 할아버지는 10억을 받아야 하는데 7억밖에 못 받는다고 했습니다. 그래서 이중 계약서를 쓰자는 것입니다. 7억 정도에 샀다고 하고 세금을 줄이자고 했습니다.

교회에서는 그 방법에 동의했지만, 나는 "안된다. 교회를 짓는데 거짓말을 할 순 없다. 교회를 짓는데 불법을 할 순 없다. 차라리 할아버지에게 13억을 드리자"라고 했습니다. 그렇게 3억을 더 주게 되었습니다. 그렇게 성전을 지었고 지금도 우리 교회는 절대 어떠한 불법도 하지 않습니다.

7무(無) 성전 건축

2년 동안 성전을 짓는 과정에서 하나님의 큰 은혜를 경험하게 되었습니다. 그것을 7무(無) 성전 건축이라고 말합니다.

1) 사고가 없었습니다.

본 건물은 산자락을 깎아 지하 25m를 팠습니다. 물론 시공사에서 토목 공사를 잘하기도 했지만, 한 건의 재해 없이 건축이 마무리되었습니다.

2) 민원이 없었습니다.

본 건물은 도로 하나 사이로 아파트 단지가 밀집되

어 있고, 중학교, 고등학교가 인접해 있습니다. 지하 공사를 할 때는 암반이 나와 연일 다이너마이트 폭파를 하지 않을 수 없었습니다. 그리고 브레이커 작업이 얼마나 요란합니까? 그런데도 민원 때문에 공사가 중단된 적이 한 번도 없었습니다. '그동안 우리 교회가 동네에서 인심을 잃지 않았구나'라는 생각이 들었습니다.

3) 이탈이 없었습니다.

주변에서 듣는 얘기로는 교회가 건축한다는 말만 나와도 벌써 교인들이 빠져나간다고 합니다. 경제가 어려우니, 부담스럽게 교회 다니고 싶지 않다는 것입니다. 그래서 개척교회, 상가 교회가 어려울 수밖에 없습니다. 우리 교회도 그런 현상에 대해 염려하지 않는 것은 아니었지만, 참 감사하게도 성전을 건축하는 동안 계속 등록 숫자가 늘어나는 일을 경험했습니다.

4) 예산 부족이 없었습니다.

이 부분에 대해서는 도저히 이해할 수 없는 현상들이 이어졌습니다. 건축 계획을 세울 때 당시 약 7억 대출이 있었습니다. 보통 성전을 짓는다고 하면 수년 동안 기도하고, 예산을 수십억 정도 비축해 둔 상태에서 건축을 시작하는 게 정상입니다. 그런데 우리 교회는 빚이 있는 재정 상태에서 약 200억 공사를 시작했으니 이렇게 무모할 데가 없는 것입니다.

돌이켜 보면 모두 제정신이 아니었습니다. 누군가 조금만 정신을 차리고 계산기를 두드리며 '건축이 불가능하다'고 설득을 했다면 아무런 대꾸 없이 포기했어야 합니다. 그런데 우리 교회가 단 한 번도 공사비를 주지 못한 적은 없었습니다.

5) 공사 중단이 없었습니다.

큰 공사를 하다 보면 본의 아니게 불상사가 발생하는 경우가 허다합니다. 예를 들면 시공사의 갑작스러운 부도나 책임자의 횡령으로 공사가 중단되거나, 업체 간 불협화음으로 공사가 지연되는 경우도 많습니다. 하지만 우리 교회에서는 이런 예가 단 한 건도 없었습니다. 그렇다고 전혀 잡음이 없었던 건 아니지만 큰 흐름은 막히지 않았습니다. 중간에 한 업체가 농간을 부려 작은 소란이 있었지만 중단되는 일은 없었습니다.

6) 건축 위원들 간에 갈등이 없었습니다.

큰일을 놓고 회의하다 보면 각자의 생각이 다르고, 추구하는 바가 다르므로 종종 설왕설래 하기도 합니다. 그런 모임 속에서 개개인의 성격이 드러납니다. 다혈질적인 사람, 점액질적인 사람, A형, B형, O형, AB형 등 사람의 종류를 한자리에서 보게 됩니다. 만약 그 자리가 이권에 개입되는 문제라면 자기 유익을 위해 첨예하게 대립할 것입니다. 그러나 교회는 총유 기관이기 때문에 가장 좋은 결론을 얻기 위해 자신을 내려 놓으며 하나가 되었습니다.

가끔 성전 짓다가 튕겨 나가는 사람이 있습니다. 자기 성격을 이기지 못하기 때문에 그렇습니다. 이번 건축 위원들은 사소한 것까지 내어 놓고 협의함으로 아무런 잡음 없이 잘 마무리 되었습니다.

7) 성장이 멈추지 않았습니다.

성전 건축 발표했을 때 성도들의 이탈이 없었을 뿐만 아니라 오히려 더 성장하게 되었습니다.

건축하는 동안에도 새가족 등록이 예년과 비슷했고, 완공된 이후에는 수직적으로 성장하는 은혜가 있었습니다. 이는 성도들이 한마음이 되었기 때문입니다.

교회는 생명이 있는 기관이기 때문에 계속 성장해야 합니다. 우리 교회는 양적 부흥뿐만 아니라 질적인 면에서도 괄목할 만한 성장을 이루고 있습니다.

전도와 선교뿐만 아니라 20주년 기념으로 국내 교회 개척(남사 보배로운교회), 해외 예배당 건축(인도네시아 샬롬 신학교 예배당)을 추진했습니다.

카페를 운영하며 이익금으로 인근 중고등학생들에게 장학금을 전달하고 아프리카에 우물 파기 사역을 후원하기도 했습니다.

성전은 하나님의 집입니다. 하나님의 영광이 머물러 있는 곳, 하나님의 은혜와 성령이 충만해야 하는 곳입니다. 이곳에 들어오는 이들이 하나님을 만나고, 문제가 해결되고, 기도가 응답되고, 질병이 고침받고, 영이 거듭나서 새로운 인생을 사는 역사가 일어나야 합니다. 우리는 하나님의 말씀에 순종했을 뿐이고 역사는 하나님께서 이루셨습니다.

2장

chapter two

고침 받은 응답 이야기

질병 치유
이야기

어느 날부터 아내가 "허리가 아프다. 다리가 아프다"라고 했습니다. 틈틈이 시간 나는 대로 주물러주었습니다. 그런데 아픈 강도가 드세지는 것입니다.

알고 보니 디스크였는데 아내가 엄청나게 참았던 것입니다. 내가 너무 무심했습니다.

큰 병원에 가서 MRI를 찍었더니 디스크가 삐져나와 신경이 끊어지기 직전이었습니다. 의사가 "큰일입니다. 수술해야 합니다"라고 하며 수술비는 400만 원 정도라고 했습니다.

하지만 나는 아내에게 "돈도 돈이지만, 당신이 간증의 주인공이 되면 좋겠어요. 기도합시다"라고 했습니다. 이 말에 아내는 엄청 서운했다고 합니다. "돈 걱정하지 말고 수술해서 얼른 낫자"라고 하길 바랐던 것입니다.

그렇게 수술 안 하고 버텨나가는데 그해 여름 은사가 강한 목사님이 우리 교회에 와서 집회를 했습니다. 집회 중에 치유 기도를 하려고 하니 성전 바닥에 환자들은 모두 드러누우라고 했습니다.

아내도 누웠는데 목사님이 오셔서 아내의 머리에 손을 얹고 조용히 기도해 주셨습니다. 나는 목사님이 기도하는 것을 유심히 보고 있었습니다. 조용한 목소리로 "성령님께서 고쳐주세요"라고 기도했습니다.

잠시 후 아내 몸이 움찔움찔하더니 행동이 커지는 것입니다. 나중에는 혼자 온몸을 뒤트는 것입니다. 목사님은 가만히 앉아 조용히 30분 내내 아내를 위해 기도를 하셨습니다. 그러더니 "사모님, 일어나 보세요. 걸어보세요. 앉았다가 일어나 보세요"라고 하는데 아내가 안 아프다고 하면서 마음껏 움직이는 것입니다. 놀라운 광경을 목격했습니다. 치유된 것입니다.

집회가 마무리되고 집에 왔습니다. 집에 도착하여 목사님이 했던 것처럼 아내에게 똑같이 기도했는데 동일한 현상이 일어나는 것입니다. 아내 머리맡에서 "성령님 고쳐 주세요"라고 기도하면서도 '이게 될까?'라는 의심하는 생각이 들었습니다.

그래도 믿음을 가지고 기도하고 나서 "여보, 앉았다가 일어났다 해 봐"라고 했더니 아내가 움직이면서 몸이 가볍다는 것입니다. 아내의 허리 병이 완전히 치유된 것입니다.

집회가 끝날 때 목사님을 붙잡고 그 능력을 나에게도 주시도록 기도해달라고 강청했습니다. 그 후에 교인들 가운데 아프다는 사람 있으면 "누우세요"라고 하고 그 목사님과 똑같이 기도합니다. 그럼 치유현상이 동일하게 나타납니다. 목 디스크 환자, 무릎 아픈 사람 등 50명이 넘게 치유되었습니다. 지금도 우리 교회에 많은 치유의 역사가 일어나고 있습니다.

우리 교회 부목사 아들이 초등학생으로 축구선수였는데 어느 날 발목을 다쳐서 선수 생활이 끝났습니다. 낙심하고 붕대를 감고 다녔는데 어느 날 집회에 이 아이를 데려왔습니다.

나는 동일하게 기도했습니다. 그런데 아무런 변화가 없는 것입니다. 나는 진땀이 났습니다. 10분, 15분 기도해도 아무 변화가 없었습니다. 전혀 아무런 움직임이 없었습니다.

그래도 혹시 모르니까 "일어나 걸어봐. 계단을 오르락내리락 해 봐"라고 했는데 절뚝거리며 왔던 아이가 뛰어다니는 것입니다. '이건 또 뭐지? 아무 변화도 없었는데 왜 그럴까'라는 생각에 그 아이에게 "내가 기도할 때 무슨 느낌 있었니?"라고 하자, 누가 자기 발을 잡아당기는 느낌이 있었다는 겁니다. '아, 하나님이 이렇게도 역사하시는구나'를 깨달았습니다.

여 집사님 한 분은 둘째를 출산해야 하는데 아기가 거꾸로 있다는 것입니다. 그 집사님이 만삭인 채로 찾아와서 수술해야 하니 기도해달라고 부탁했습니다. 아기가 바른 위치로 돌아갈 수 있게, 순산할 수 있도록 기도해달라는 것입니다.

바로 다음 날 수술이라서 인간적으로는 불가능했지만 기도했습니다. 간절히 기도해주었습니다. 다음 날 순산했다는 전화가 왔습니다. 집사님이 병원에 가서 담당 의사에게 어제 기도 받고 왔으니까 수술 전에 초음파검사를 다시 해 달라고 부탁해서 확인해보니 아기가 제자리로 찾아간 것입니다.

두세 달 뒤 그 집사님이 교회에서 간증을 하는데 마침 그 예배시간에 똑같이 아기가 거꾸로 있는 산모가 있었습니다. 예배가 끝난 후 나에게 찾아와 자기도 기도해 달라는 것입니다. 똑같이 기도해 주었더니 신기하게도 또 순산하게 되었습니다.

기도로
병을 고친다?

"기도는 환자의 회복에 얼마나 도움이 될까? 또 기도의 힘을 과학적으로 측정할 수 있을까?" 최근 미국에서 이런 의문에 관한 연구 결과가 발표됐습니다. 그 결과는 성도들이 수술받는 심장병 환자를 위해 기도하더라도 환자 회복에 효과가 없었다는 것입니다.

이 연구를 주도한 허버트 벤슨 박사는 미국 보스턴 인근의 마인드 & 보디 의학연구소에서 평소 기도와 명상의 힘을 강조해온 사람입니다. 이 연구에 총 24억 원 비용이 들었습니다.

그는 심장 바이패스 수술받은 6개 병원의 환자 1,802명을 대상으로 다른 사람의 기도를 받는 환자와 그렇지 않은 그룹으로 나눴습니다. 그리고 기도를 받는 환자들을 다시 자신을 위해 기도하는 사람들이 있다는 사실을 아는 환자그룹과 그렇지 않은 환자그룹으로 나눠 관찰했습니다. 결국, 세 개 그룹으로 나눠진 셈입니다.

그리고 3개 교회 성도들에게 환자의 이름을 주면서 환자들의 쾌유를 비는 기도를 하도록 했습니다. 수술 후 경과는 기도와 아무 상관이 없는 것으로 나타났습니다. 게다가 남이 자신을 위해 기도한다는 사실을 아는 환자들에겐 후유증이 더 많이 나타났습니다. 이에 대해 연구진은 '기도해도 낫지 않는다'라는 불안이 오히려 나쁜 영향을 미친 것 같다고 말했습니다.

뉴욕타임스(NYT)에 따르면 기도의 효험을 밝히기 위한 연구가 본격적으로 시작된 것은 약 10년 전부터라고 합니다. 지난 6년 동안 10건의 연구 결과가 발표됐는데 '효력이 있다'라는 결론도 있지만, '효력이 없다'라는 결론도 있습니다.

기도의 효험을 지지하는 학자들은 "현대과학이 밝혀내지 못했을 뿐 기도에는 고통을 줄일 수 있는 메커니즘이 작용한다"라고 주장합니다. 그러나 다른 학자들은 "이는 과학의 영역을 넘어선 초자연적인 힘의 개입을 전제로 한 것이며, 결국은 돈만 낭비할 뿐이다"라고 반박합니다(중앙

일보 06/04/02 기사 참조).

이 연구 결과에 대해 여러분은 어떻게 생각하십니까? 기도가 효험이 있습니까? 없습니까?

이 문제에 대해 우리가 알아야 할 한 가지는 기도는 주술(呪術)이 아니란 것입니다. 기도 자체에 어떤 힘이 있는 것이 아닙니다. 그러나 기도 자체를 의지하는 사람들이 있습니다. 푸닥거리나 주문을 외므로 병을 고치겠다는 사람들입니다.

그러나 기도 중에 우리의 병을 고치시는 분은 하나님이십니다(병원, 약사용은 예외로 하고). 기도에 응답하시는 하나님께서 치유 능력을 갖고 계십니다. 그 하나님을 의지하는 마음이 바로 믿음입니다. 믿음의 기도는 병든 자를 고친다고 성경은 말합니다.

'기도가 효험이 있는가?'라는 질문은 잘못된 것입니다. '믿음의 기도를 드렸는가?'가 문제의 핵심입니다.

"믿음의 기도는 병든 자를 구원하리니 주께서 그를 일으키시리라 혹시 죄를 범하였을지라도 사하심을 받으리라"(약 5:15).

매일 진행되고 있는 하만나 기도회를 통해 기도가 응답되고, 문제가 해결되고, 고질병이 고침 받는 사례가 속속들이 나타나고 있습니다.

언제, 누구에게 이 은혜가 임할는지 아무도 모릅니다. 다만 성경은 "믿음으로 구하면 응답하신다"라고 말씀하고 있습니다. 예수님께서도 각종 환자를 고쳐주실 때 "네 믿음이 너를 구원하였다"라고 하십니다.

기도는 주문을 외우는 것이 아닙니다. 살아계신 하나님이 지금도 역사하신다는 사실을 믿고 구할 때 기적이 일어나는 것입니다. 하나님의 현존하심이 보이는 현장이 '하만나 기도회'입니다.

하나님을 만나면 나의 인생이 바뀝니다. 오십시오, 구하십시오, 하나님은 반드시 만나주십니다.

치유 기도회

"목사님, 지난주에 저를 위해 기도해주셨잖아요? 이것 보세요. 다 나았어요."

예배 후 예배당을 빠져나가는 성도들과 눈인사를 하고 있는데 젊은 여 집사님이 옆에 오더니 팔짝팔짝 뛰면서 활짝 웃는 모습으로 인사하는 것입니다.

몇 주 전 예배 마치고 나서 그 집사님은 기다렸다는 듯이 안수기도를 요청하였습니다. 표정을 보아하니 몹시 아픈 것 같았습니다.

직장에서 일하는데 느닷없이 허리에 통증이 오더니 점점 심해져 오늘 교회도 겨우 왔다면서 기도해 달라고 하는 것입니다. 로비에 있는 의자에 앉힌 후 간절한 마음으로 기도해 드렸는데 한 주 후 정상으로 회복된 것입니다. 어떻게 된 일인지 물으니 "지난주 목사님께서 안수 기도 해주실 때 제 마음속에 '딸아 네 믿음대로 될지어다'라는 말씀이 생각나서 그 말씀을 굳게 붙잡고 '아멘' 했는데 제 몸에 힘이 생기면서 나았다는 확신이 들었어요"라고 했습니다.

성경을 보면 예수님께서 수많은 환자를 만나 고쳐주시는 장면이 기록되어 있습니다. '그 사건들을 볼 때 이런 기적이 어느 순간에 일어나는가? 분명 믿는 자들에게는 이런 표적이 따르리니 병든 자에게 손을 얹은즉 나으리라고 했는데 이게 과연 어떤 상황에서 병이 고쳐지는가?' 묵상해 보았습니다.

삼위일체 하나님께서는 삼위가 일체 될 때 치유의 역사가 일어나는 것을 알게 하셨습니다.

① 환자의 믿음입니다.

주님께서 환자를 일으키실 때 "네 믿음대로 될지어다"라고 하십니다. 기도를 받는 이의 마음속에 하나님께서 고쳐주실 것이라는 확실한 믿음이 있어야 합니다. 어떤 이는 기도 받으러 왔으면서도 형식적인 마음으로 기도 받는 이가 있습니다. 기도하다 보면 느낌으로 압니다. 그 마음속에 간절함이 있는지, 습관적으로 기도 받는지 구분이 됩니다. 환자는 오직 하나님만 의지하고 매달리는 간절함이 있어야 합니다.

② 기도자의 믿음입니다.

대부분 목사님이 치유 기도를 꺼리는 이유는 '기도해도 낫지 않으면 어떡하나?'라는 생각 때문입니다. 그러면 능력이 없는 것으로 부끄러움 당할까 봐 치유 기도를 못 합니다. 이는 대단한 착각이고 영적 오판입니다. 환자를 낫게 하는 것은 절대적으로 기도자의 능력이 아닙니다. 그걸 착각하는 순간 교만에 빠지게 됩니다.

병이 낫고 안 낫고의 문제는 전적으로 하나님 주권입니다. 목사는 다만 그 성도를 진심으로 사랑하고 긍휼히 여기는 마음으로 하나님께 간구하는 것뿐입니다. 그 기도를 당사자가 듣고 있으므로 그 마음속에 감동이 되도록 진심으로 간절히 기도하는 것입니다.

③ 성령님의 역사입니다.

환자의 믿음과 기도자의 간절함이 일치될 때 성령의 역

사가 일어납니다. 성령 하나님은 우리를 고쳐주시기를 원하시고 능력도 부어 주셨습니다. 이 말씀을 믿음으로 행할 때 하나님께서 영광을 받으시는 것입니다.

성령은 하나님이십니다. 우리가 구하기 전에 이미 우리의 중심을 알고 계십니다. 하나님은 오직 스스로 영광을 받기 원하십니다. 우리는 피조물에 불과하고 쓰임 받는 도구일 뿐입니다. 하나님은 지금도 우리를 살피시고 우리의 연약함을 도와주고 싶어 하십니다. 우리를 지극히 사랑하시는 아버지이시기 때문입니다.

하나님을 사랑해 보세요. 그러면 굳이 구하지 않아도 우리의 필요한 것을 채워주십니다. 그 하나님을 만나야 합니다. 하나님을 만나면 나의 인생이 바뀌게 되어 있습니다. 하나님을 기대하십시오.

영·혼·육 치유를 위한
기도회

"건강은 건강할 때 지켜야 한다"라는 너무나 당연한 말
은 건강을 잃고 나면 처절하게 느끼게 됩니다. 누군들 건
강을 해치고자 하는 사람이 있겠습니까만 미리미리 관리
하지 않으면 "호미로 막을 것을 가래로도 못 막는다"말처
럼 될 수 있습니다.

「깨진 유리창 법칙」이라는 책이 있습니다. 책의 내용은
한 가지입니다. 깨진 유리창을 내버려 두면 나중에는 쓰
레기장이 된다는 것입니다. 미국의 심리학자가 상태가 비
슷한 두 자동차를 활용해 실험했습니다.

골목에 한 대는 보닛만 열어 놓고, 다른 한 대는 앞 유
리창을 조금 깬 다음 보닛을 열어두었습니다. 1주일 후 보
닛만 열어 놓은 자동차는 먼지만 낀 것 외에는 별다른 변

화가 없었지만, 유리창이 약간 깨진 차는 배터리와 바퀴가 없어졌고 너무 심하게 파손되어 형체를 알아볼 수 없게 되었습니다.

이와 마찬가지로 쓰레기통 옆에 쓰레기가 떨어져 있으면, 사람들은 굳이 쓰레기통에 쓰레기를 넣어야겠다고 생각하지 않게 됩니다. 결국, 쓰레기통 옆에 수많은 쓰레기가 쌓이는 현상이 발생하는 걸 우리는 볼 수 있습니다. 이 원리는 우리 주변에서 얼마든지 발견할 수 있습니다.

교회 앞 도로변에는 상가에서 내놓은 쓰레기봉투가 항상 있습니다. 공교롭게도 그 봉투 주변은 언제나 지저분합니다. 미화원 차량이 수거해간 뒤 깨끗하게 청소되어 있으면 쓰레기를 버리는 사람이 없습니다.

건강을 잃는 것도 사소한 증상을 무시하기 때문입니다. 우리 몸은 놀랍게 설계되어 있습니다. 가장 건강한 상태에서 이물질(바이러스)이 들어오거나 비정상적인 기운(스트레스)이 들어오면 우리 몸이 자신을 지키기 위해 신호를 보내게 됩니다. 그 신호를 잘 살펴야 합니다. 그 미세한 신호를 간과해서 병을 키우는 경우가 많습니다.

최근 들어 교회 안에 환자가 늘어나고 있는 것을 보면서 마음이 무척 안타깝습니다. "약 드세요, 병원 가세요"라고 담임목사는 말할 수 없습니다. 성도가 아프면 목사가 돌보지 않아서 그런 것 같고, 가정에 어려움이 있으면 목사가 기도하지 않아서 그런 것 같고, 어느 성도가 시험 들었다고 하면 목사가 부족해서 그런 것 같고... 모든 게 목사 책임인 것 같아 마음이 무겁습니다.

새벽마다 강단에 엎드려 기도하지만 혼자 힘으로는 감당하기 어려워 성도들과 함께 기도하자고 하는 것입니다. 이스라엘이 아말렉과 전쟁할 때 모세 혼자서의 기도만으로 이길 수 없는 지경에 처했을 때 아론과 훌이 옆에 와서 해가 지도록 손을 붙들고 기도했을 때 승리하였습니다(출 17장). 지금은 성도들의 협력 기도가 절실하게 요구됩니다. 목사 혼자 기도로 힘이 듭니다.

몸이 아파 고생하는 성도님들 회복을 위해, 소용돌이치고 있는 우리나라를 위해, 뿌리가 뽑힐 지경에 있는 선교를 위해, 특별히 여러분 자녀를 위해 주님께 매달리는 기도가 필요합니다.

기도하면 이겨 낼 것을 기도하지 않으면 걷잡을 수 없는 나락에 떨어질 수도 있습니다. 나를 위해, 우리 교회를 위해, 우리나라를 위해, 이 세계를 위해 함께 모여 기도합시다.

나를 변화 시키신
하나님

강성희 집사

할렐루야! 나 같은 죄인을 구원하여 주시고 이 자리에 서게 하신 하나님의 은혜에 감사드립니다. 제가 보배로운교회에 온 지가 10년이 훌쩍 넘었습니다. 제가 우리 교회에 와서 아무것도 한 것이 없었습니다. 장사하고 바쁘다는 믿음 없는 핑계였죠. 주일만 왔다 갔다 하며 살았습니다.

그런데 올해부터는 특별 새벽기도회부터 빠지지 않고 예배를 드리고 싶은 마음이 들었습니다. 그때부터 새벽예배를 힘이 들어도 드리기 시작하면서 성경도 열심히 읽고 하만나 기도회 준비 기도도 시작했습니다.

이번 하만나 기도회는 끝까지 승리하여서 하나님을 만나고, 첫사랑의 믿음이 회복되고, 나 자신이 변화되고, 나의 입술을 제단의 숯불로 지져 주셔서 내 입술에서 복된 말만 하는 자가 되어, 주변 사람들이 정말 변했다는 소리를 듣게 해달라고 기도했어요.

드디어 4월 18일 하만나 기도회가 시작되었는데 설레기도 하고 떨리기도 하면서 예배를 드리는데 찬양의 눈물, 기도의 눈물이 많이 흘러내렸어요. 많은 은혜를 받기 시작했습니다.

수요일에 치유 기도회도 있다고 광고를 들었을 때 내가 아픈 건 생각나지 않고 목사님을 보필하여 기도를 돕는 동역자가 되어야겠다고 감동이 와서 참석하게 되었는데, 첫날부터 성령께서 강하게 역사하시는 것을 알았습니다. 목사님께서 누우라고 말씀하셔서 저는 두 번째부터 누워서 기도 받는데 발가락 끝과 손가락 끝 신경부터 톡톡 튀는 듯 움직이기 시작하더니 온몸이 움직이기 시작했습니다.

하나님께서는 참으로 멋진 분이시지요. 목과 어깨, 아프던 등이 고침을 받았습니다. 며칠 전에 병원에서 검사를 받았는데 모든 것이 정상이고 문제 생길 확률이 0%랍니다. 할렐루야.

하나님께서 완전히 치유해주셨습니다. 그뿐만 아니라

기도회를 준비하며 기도했던 것을 하나님께서 들어주셔서 나의 마음을 고쳐주시고 입술도 변화시켜주셨어요.

한번은 운전을 하다가 상대방 잘못으로 사고가 날 뻔했는데 평소 같았으면 욕을 하던 제가 "아버지 자기가 잘못하고도 저를 쳐다보네요? 감사해요!"라고 제 입술이 말을 하는 거예요.

하만나 기도회 동안 한 번도 화를 내지 않았습니다. 때론 다리가 아프고 무겁고 걸음도 걷기 힘들어 오기 싫은 날이 여러 번 있었는데 '내가 사탄에게 질 수는 없지'하는 마음으로 힘을 내어 오면 그날에 고침 받고 기쁘고 가벼운 몸으로 돌아가곤 했습니다. 이렇게 은혜받으니 사람도 변하고 얼굴도 환해지고 피부도 좋아져서 사람들이 예뻐졌다고 하네요.

이번 하만나 기도회를 통해 변화된 것 중 하나가 기도의 제목이 바뀌게 되었다는 것입니다. 전에는 "해주세요"라고 했던 기도가 "오늘은 무엇으로 하나님을 기쁘시게 하며 무엇으로 하나님께 영광을 돌릴까요? 생각나게 해주세요"라고 기도하게 되었습니다. 기도의 사람으로 바꿔주셨어요.

영의 양식을 먹여주신 목사님께 감사드립니다. 지금부

터는 받은 은혜 잘 간직하며 쏟아버리지 않도록 더 열심을 내어 헌신하며 살겠습니다. 모든 영광 하나님께 돌립니다. 하나님 아버지, 감사합니다.

딸과 함께 만난
하나님

정말 오랜만에 서보는 간증의 자리라 많이 떨리고 벅찬 감정이지만 오늘 이 자리까지 오게 하신 하나님의 은혜에 감사와 영광을 올려 드립니다.

저희 가정은 여러 기도제목을 가지고 하만나를 준비하였습니다. 특별히 자녀들을 위하여 하나님께서는 작정기도를 생각나게 하셔서 40일 작정 헌금으로 준비하였습니다.

하만나가 시작하는 날부터 우리 가정은 매일 기도제목을 가족 카톡으로 나누고, 강타와 강은이는 온라인으로, 저희 부부와 강비는 현장에서, 하만나 기도회 시간에는 영적 회복과 치유를 위해, 그리고 수요치유 기도회에서는 육체적 회복과 치유를 위해 간절한 마음으로 기도하

2장 _ 고침 받은 응답 이야기
111

였습니다.

저는 디스크로 아픈 허리와 수차례 수술 후 잘 회복되지 않는 어깨의 치유와 회복을 위해 기도했으며, 강비는 아픈 허리와 이석증으로 인한 어지러움, 말초신경 손상과 안면근육 마비로 인한 떨림 현상이 모두 치유되고 회복되기를 기도했습니다.

기도회 시간이 지나갈수록 우리의 간절함은 커졌고, 하루, 이틀 그리고 일주일이 지나면서 우리 가족의 간절함에 대한 하나님의 응답이 나타나기 시작했습니다.

먼저 우리의 마음에 평안함을 주셨으며, 강비와 저의 아픈 몸들을 하나님께서 치유하시기 시작하셨습니다. 강비의 이석증에 의한 어지럼증은 점점 줄어들었고, 아픈 허리는 성령님의 치유의 역사로 회복되었으며, 안면근육 떨림도 서서히 회복되게 하였습니다.

하만나 시간 동안 하나님께서는 강비의 영과 마음도 치유하셔서 '왜 내게 이런 고난들이 찾아올까?' 하면서 낙심하고 절망하는 마음을 '이 고난의 끝에는 축복의 통로가 있을 거야'라고 고백하고 기도하는 모습으로 변하게 하셨습니다.

이렇게 역사하신 하나님은 저에게도 찾아오셔서 30일

째 날 하만나 기도시간에 담임목사님께서 아픈 곳에 손을 얹고 기도하라고 말씀하시던 그 순간에 어깨 수술 후 24시간 늘 통증이 있던 저의 어깨가 깨끗하게 치유되는 은혜를 주셨습니다.

하만나 기도회 후 집으로 가는 차 안에서 멀리 떨어져 있는 강타, 강은이와 함께 영상통화를 하면서 받은 은혜를 나누며 서로 격려하는 작은 가정예배도 드리는 행복한 시간도 덤으로 주셨습니다. 이런 행복을 주신 하나님께 매일 매일 감사함으로 지내는 하만나 기도회였습니다.

저에게 이번 하만나를 마치며 고마운 사람이 있습니다. 바로 우리 집 둘째 강비입니다. 하만나에 함께 참여하자고 했을 때 아무 말 없이 순종으로 함께했고, 오늘 마지막 날까지 한 번도 빠지지 않고 참석한 것이 참 고맙습니다.

물론 본인의 갈급함도 있었겠지만, 스물일곱 청년이 하만나 기도회와 수요치유 기도회까지 모두 참석하여 함께해 준 모습에 하나님께서 예비하신 축복의 길로 가고 있음을 믿습니다.

무엇보다도 이런 강비의 모습을 보면서 22년 전 소아신장병으로 완치가 어려울 것이라 했던 어린 그 시절에도 아픈 몸을 치유 받기 위해 2년 동안 하루도 빠짐없이,

지친 저의 손을 이끌며 "엄마, 수요기도회에 가서 목사님께 기도 받아야 해"라고 하면서 먼저 집을 나서는 모습이 떠올라 하나님을 향한 첫사랑을 회복하는 시간을 갖게 되었고, 그때 어린아이의 믿음과 하나님의 은혜를 떠올리게 해 준 우리 강비에게 다시 한번 고맙습니다.

하만나를 시작할 때 드렸던 우리 가족의 기도 제목이 모두 응답받고 해결된 것은 아닙니다. 그럼에도 불구하고 상상할 수 없는 큰 은혜였다고 감히 말씀드릴 수 있는 이유는, 하만나 설교를 통해 목사님께서 말씀하셨듯이 "하나님은 우리의 간절한 기도를 들으셨고, 기억하시며, 언젠가 반드시 이루게 하시리라"는 것을 믿기 때문입니다.

그리고 우리들의 문제를 해결 받는 것도 중요하지만, 이 문제를 바라보는 우리의 시각이 달라졌다는 것입니다. 조급하고 불안해하며 맞닥뜨렸던 문제들이 하나님의 은혜로 평안한 마음을 갖게 되었고, 축복받기 위한 과정으로 문제들을 바라볼 수 있는 신실한 믿음으로 변화되어 가고 있다는 것입니다. 저는 하나님의 때가 있음을 믿습니다. 우리의 필요를 하나님께 아뢰었다면 그것을 기억하고 좋은 것으로 응답해 주실 하나님의 때를 기다리며, 믿음의 길로 나아가는 우리가 되길 소망합니다.

하나님께서는 우리에게 약속하십니다. "너희가 기도할 때에 무엇이든지 믿고 구하는 것은 다 받으리라." 하나님은 항상 우리와 함께 계십니다. 우리가 바빠 하나님을 찾지 못하는 시간에도 하나님은 한결같이 우리 곁에서 우리와 함께하십니다.

저는 그런 하나님을 신뢰하며 사랑합니다. 오늘도 주님의 옷자락을 잡았던 혈루병 여인의 마음처럼 간절한 마음으로 주님 앞으로 나아갑니다.

새 신자에게도
치유를

박순주 집사

저는 보배로운교회에 온 지 한 달 되었습니다. 하나님께서 저에게 만남의 축복을 주셨습니다. 제가 시골에서 살다가 딸네 집으로 이사 와서 4월 15일날 교회에 처음 방문했는데 그 주에 등록하자마자 4월 18일 월요일부터 하만나가 시작되었고 하만나에 참여하면서 교회를 너무 사랑하게 되었습니다. 하만나 시기에 맞춰서 하나님께서 저를 보배로운교회로 인도하셨습니다.

하나님께서는 제 몸과 마음을 치유하셨습니다. 저는 멀쩡하게 보이지만 두 번의 큰 교통사고가 있어서 잘 깜박깜박하고 기억도 잘 나지 않습니다. 딸 집에 오게 된 것도 몸이 안 좋아서 온 것입니다. 그런데 이번 하만나 기도회를 통해서, 특별히 수요치유 기도회 때마다 하나님께서 은혜를 부어주셨습니다.

수요치유 기도회 때 손이 갑자기 쭉 올라가고 허리가 곧게 펴지는 신비한 일을 경험하게 되었습니다. 하만나 기도회를 통해 제가 회개할 것들이 생각나게 하시고 소리가 입에서 터져 나오고 눈물이 눈에서 쏟아져 나왔습니다. 그렇게 회개하고 나니 관계와 마음 또한 회복하셨습니다. 어렸을 때 딸과 사이가 안 좋았던 적이 있었습니다. 많이 때리기도 했고요.

하루는 하만나 기도회를 마치고 집에 도착해서 딸에게 미안하다고 말했습니다. 포옹하고 눈물을 흘리면서 서로의 마음이 회복되었습니다. 하나님께서는 몸뿐만 아니라 제 마음과 제 딸의 마음까지도 치유하여 주셨습니다. 기도회가 끝나고 집에 들어가면 이제 4살 된 예쁜 손녀가 제게 달려옵니다. 그 작은 아이가 제 품에 안길 때 가슴이 콩닥콩닥 뛰는 것이 느껴지면서 '하나님께서 이렇게 날 사랑하시는구나'라고 느낄 수 있었습니다.

저는 한글을 잘 몰라서 성경책을 못 읽습니다. 하나님께 간절히 기도했습니다. "하나님, 성경책을 읽게 해주세요!" 지금은 한글을 배우러 다니는 곳을 알게 되어서 열심히 배우고 있습니다. 하나님의 말씀을 너무 읽고 싶습니다.

저는 지금 너무 행복합니다. 제가 보배로운교회 오기 전에는 사실 너무 우울하고 힘들었습니다. 죽고 싶은 마음이 많이 들었습니다. 그런데 이제는 살고 싶습니다. 이제 하나님의 자녀로 살고 싶습니다. 담임목사님과 사모님께도 감사드립니다. 하나님 아버지 은혜와 사랑을 감사드립니다. 여러분 혹시 마음이 힘드신 분들 있거든 하만나 참여해보세요. 정말 하나님께서 몸과 마음과 관계를 치유해 주십니다. 앞으로도 하나님의 딸 박순주로 살아가겠습니다. 감사합니다!

약한 자를
찾아오신 하나님

박혜신 집사

약 3개월 전부터 두통이 심하게 오기 시작했고, 차후에는 눈에까지 통증을 느끼게 되었습니다. 황반에 루테인 부족으로 가끔 눈에 통증을 느끼곤 했던 터라 루테인을 더욱 챙겨 먹어보기도 하고, 혹시 피로감으로 인한 것인가 해서 비타민을 먹어보기도 하고, 쉬어 보기도 하는 등 나름대로 이것저것을 시도해 보았습니다. 일시적으로 통증이 줄어드는 듯했지만, 지속시간이 그리 길지 않고 계속해서 통증을 느꼈습니다.

일을 마치고 오면 눈의 통증 때문에 바로 취침을 하게 되고, 자면서도 계속 눈의 아픔을 느꼈습니다. 아침에 눈을 뜨면 계속 두통과 함께 눈에 통증을 느끼면서 "눈이 너무 아프다"라고 말하며 하루를 시작하기를 여러 달이 지속되었습니다.

 그러던 중 하만나가 시작하였고, 하만나 둘째 날 저녁에 갑자기 오른쪽 목과 어깨에 근육이 뭉치기 시작했고 두통과 눈에 대한 통증은 조금씩 줄어들기 시작했습니다.

 항상 근육통이 생길 때마다 사용하는 '압봉'이라는 패치를 붙여보았습니다. 웬만한 근육통은 압봉을 붙이고 나면 5~30분 안에 줄어들었습니다. 하지만 이번에는 근육이 풀리지 않았습니다. 그래서 아침에 일어나서 압봉을 제거하고 집에 있는 파스를 붙였습니다. 파스를 붙이고 나니 조금 통증이 완화되었으나, 계속되는 어깨 뭉침이 풀리지 않았습니다.

 수요일 저녁에 퇴근 후 집에 와서 옷 갈아입으며 어깨를 보니 피부에 무엇인가 오돌토돌 생긴 것 같아서 파스에 대한 부작용인가 했었습니다. 그런데 그것이 바로 대상포진이었던 것입니다.

 목요일은 퇴근이 좀 일찍 되는 날이라서 하만나 현장 예배에 참석하였습니다. 그날 기도를 할 때 하나님이 두통과 더불어 모든 통증을 거두어 가셨습니다. 그리고 포진은 남아 있는 상태였으나 그 또한 이틀 후에 모두 치료해 주셨습니다.

그리고 3개월 동안 지속되었던 두통과 눈에 대한 통증이 일반적인 두통이 아니라 대상포진이었는데, 하나님께서 뇌로 올 수 있었던 대상포진을 오른쪽 어깨로 내려 주셨고, 뇌에 포진이 생길 수 있었던 것을 눈에 보이는 어깨로 내려 주신 것을 알게 되었습니다.

　대상포진에 한 번 걸리고 나면 통증을 잡는 것과 포진을 치료하는 것, 그리고 면역력의 회복까지 짧게는 몇 개월, 길게는 1~2년 동안 고생하는 분들을 본 적이 있습니다. 그런데 하나님께서 저에게 은혜를 주셔서 뇌로 갈 수 있는 대상포진을 안전한 곳으로 이동시켜 주셨으며, 포진 또한 몇 일 만에 모두 치료하여 주셨습니다.

　내가 하나님께 드리는 것은 지극히 미약함에도 불구하고 하나님은 항상 저를 지키시고 보호해 주시고 은혜 내려 주심에 감사와 영광을 돌립니다.

찬양 속에서
만난 하나님

배준식 집사

저는 한 번도 다른 사람에게 하지 않았던 저의 이야기를 하려고 합니다. 저는 이곳 보배로운교회에 와서 어느덧 세 번째 하만나 기도회를 하고 있습니다. 하나님께서 제게 항상 은혜를 주시지만, 하만나 때 특히 집중적으로 하나님의 은혜를 알게 하십니다.

어려서부터 노래를 듣고 부르는 걸 좋아했던 저에게 하나님께서는 당신을 찬양할 수 있는 은혜를 주셨습니다. 보배로운교회에 처음 왔을 때 찬양을 인도하던 솔리데오 찬양 팀의 모습을 보고 나도 저기에 서고 싶다고 생각했었는데, 지금 솔리데오 찬양팀으로 하나님께 찬양하고 있습니다.

이번 하만나 기도회 첫날에 이요한 목사님과 카라팀이

함께 찬양하는 모습을 보고 '아, 나도 저기 옆에서 같이 찬양하고 싶다'라는 생각을 했었는데 바로 다음 날 서현수 목사님께서 아내와 목요일에 찬양을 같이할 수 있는지 물어봐 주셨고 저희 부부는 바로 하겠다고 순종하였습니다. 그리고 하나님께서는 그날 깜짝 선물로 제 연봉을 올려 주셨습니다. 할렐루야!

하만나 찬양팀을 보고, 저기에 서고 싶다는 생각만 했는데 그다음 날 바로 이루어주시고 생각지도 못한 연봉인상은 덤으로 주셨습니다. 목사님께서 늘 말씀하셨던, 하나님께서는 기도하면 주시고, 생각만 해도 주시고, 생각지 못한 것도 주신다는 말씀을 저는 체험하면서 살고 있습니다.

저희 부부는 결혼 5년 차인데 아직 자녀가 없습니다. 두 번째 하만나 기도회부터 기도 제목으로 자녀의 축복을 달라고 기도하고 있었습니다. 이번 기도회 시작 전에 아내와 난임 센터에 가서 검사받고, 인공수정 및 시험관을 준비하던 중 아내 난소에 큰 혹 두 개가 발견되었습니다. 걱정을 많이 했습니다.

'수술하게 되면 임신이 더 어려워지는 것은 아닐까? 아내 건강이 안 좋아지면 어쩌지?'라는 걱정을 하게 되었습니다. 그런데 기적이 일어났습니다. 주님의 은혜로 그 큰 혹 두 개가 한 달 만에 없어지는 기적이 일어났습니다. 하만나 기도회를 통한 치유와 회복의 역사가 일어난 줄 믿습니다. 진료를 봐주시던 의사 선생님도 기적이라고 하셨습니다. 할렐루야! 하나님, 감사합니다.

지금은 소중한 자녀를 기다리고 있습니다. 많이 기다린 만큼 쌍둥이를 주시기를 기대하고 있습니다. 하나님께서 때가 되면 주실 것이라고 믿고 기다리고 있습니다. 보배로운 성도님들도 같이 중보 기도해주시면 감사하겠습니다.

기도하면 반드시 응답하실 거라고 믿습니다. 보배로운 성도님들을 위해 저도 기도하겠습니다. 서로 기도하는 기도의 동역자가 되면 좋겠습니다.

목 디스크를
치유하신 하나님

윤지미 집사

저는 8차 하만나 기도회를 통해서 많은 은혜를 받았습니다. 우선 몸의 치유가 일어났습니다. 마음의 치유도 일어났습니다. 문제가 해결되었습니다. 할렐루야!

저는 하만나 기도회에서 월요, 목요찬양 팀으로 섬길 예정이었으나, 첫째 날 하루 찬양하고, 넷째 날 새벽에 목 디스크가 터졌고, 현재 자연치유 중입니다.

여러분은 자다가 목 디스크가 터진 사람을 본 적 있으신가요? 교통사고가 난 것도 아니고, 크게 다친 것도 아닌데 대학병원 의사도 갸우뚱합니다. 목 디스크가 터지면요, 머리를 들 수가 없게 불덩어리가 목에 박힌 것처럼 아프고, 움직일수록 더 아픕니다.

'정신은 멀쩡한데 어쩌지? 말도 잘 나오고 걸을 수 있고, 뇌나 심장, 호흡은 멀쩡한 것 같은데... 엄청 아픈데, 어 딜 가야 하지? 아이고, 주여! 어디로 가야 할까요?' 하면 서 머리를 두 손으로 받치고, 조금만 움직여도 엄청난 통 증에 비명을 지르듯이 끙끙거리며, 가장 가까운 병원으 로 갔습니다.

아프긴 아픈데, 자꾸 감사한 일들이 생깁니다. '이런 경 우도 있을까?'라는 생각이 들 정도로 좋은 분들을 연속으 로 만났습니다. 이런 것이 예비하심이구나 싶었습니다.

진료 시간 1시간 전에 병원에 도착했는데, 누군가 일찍 출근했습니다. 병원 진료 시작 전에 검사가 진행되었습니 다. '여기로 오는 게 맞았구나' 안심했습니다.

몇 시간 후 검사 결과가 생각보다 심각하다고, 동네병 원 의사 선생님은 큰 병원 몇 곳에 직접 연락해서 수술할 수 있는지 확인까지 해주셨습니다. 그렇게 구급차를 태워 대학병원 응급실로 보내 주었습니다. 응급실은 전쟁터 같 아서 누울 자리가 없었습니다. 잘못 움직이면 중추신경이 손상될 수 있으니 환자를 눕혀 놓으라고 했습니다.

고맙게도 타고 갔던 사설 구급차가 4시간을 같이 기다 려 줬습니다. 이전에 저는 보호자로, 환자로 구급차를 많이 타 봤습니다. 구급대원들은 접수하고 환자를 내려주고 가는 게 보통입니다. 하지만, 회사에 연락하더니 오늘의 상황은 대기 가능하다고 했습니다. 이런 구급대원을 만나다니 또 감사했습니다.

응급실로 들어가 바퀴 달린 침대에 누워 이리저리 검사실로 실려 다녔습니다. 수술 전에 검사를 마치고 기다렸습니다. 의사는 1시간에 한 번씩 와서 손가락 테스트, 감각 테스트만 하고 갔습니다.

그동안 예배 때 했던 찬양을 귓가에 틀어두고 눈물을 줄줄 흘리면서 통증으로 부들부들 떨며 기다리고 있었습니다. 밤 열 한 시쯤 응급실에서 집중치료실로 옮겨졌고, 드디어 교수님이 왔습니다

눈썹을 V 자로 만들고 인상을 쓰면서 "디스크는 저절로 쪼그라들어서 나을 수가 있어요. 참으세요. 수술 준비 다 해놨어요. 마비 오면 당장 수술실로 싣고 갈 테니까... 조금만 지켜보자고요. 지금 수술하면 아까워요. 나중에 아래 위로 다 터질 수 있어요"라고 교수님이 말씀하셨습니다.

다음날에도 교수는 "수술하고 싶어요?"라고 물었습니다. 저는 "네, 너무 아파요. 수술해주세요. 고개를 들 수 없

어서 밥을 못 먹어요"라고 하자, "먹지 말고 누워있어요. 마비가 오는지 이틀만 더 지켜봅시다. 인내로 나아야 해요. 하하"라고 하며 웃었습니다.

'아니, 저 알 수 없는 웃음은 뭐지? 수술하려고 좋은 의사를 찾아서 여기까지 왔는데... 괴짜를 만난 건가? 잘못 왔나? 그래도 더 어려운 수술도 많이 하는 교수님이 수술 안 시키고 저절로 낫는다고 하니까 참아 볼까?'

핸드폰을 귀 옆에 두어서 하만나 말씀을 듣고, 찬양을 들으면서 통증을 버텼습니다. 담임목사님이 전화로 기도해주시면서 "의사는 의술로 할 일이 있고, 하나님이 치유하실 부분이 있습니다. 기도하며 잘 치료하고 오세요"라고 하셨습니다.

의사는 정말 지켜보기만 했습니다. 그렇게 1시간만, 조금만 더, 하루만, 이틀만 보자더니, 더 이상 심각한 마비로는 진행되지 않았고 통증은 조금씩 줄어들고 있었습니다

응급상황은 지나갔으나, 장기간 극심한 통증이 계속되면 어쩔 수 없이 수술해야 후유증을 막을 수 있다고 2주

후 수술을 판단하자고 했습니다. 하지만, 2 주 후에 또 4 주 후에 수술을 판단하자고 했습니다.

2주 전에 갔을 때도 교수님은 괜찮을지 묻는 제게 장담할 수 없다고, 아무도 모른다고 했습니다. 그때는 여전히 근육경련이 심한 상태로 강한 진통제로 버티고 있는 상태였습니다. 교수님은 "사람마다 달라요. 알 수가 없어요"라고 알쏭달쏭한 말만 했습니다.

첫날 봤던 그 4주 후가 다음 주입니다. 저는 이렇게 걸어서 교회 나올 수 있고, 1시간 정도 고개를 들 수 있을 정도로 견딜만하게 되었습니다. 이 정도면 수술 안 해도 될 것 같습니다.

그렇게 대학병원에 간 지 9일 만에 다시 동네병원으로 와 보전치료를 하였습니다. 최대한 움직이지 않고 천정만 보는 고정된 자세로 누워있어야 하는 침상안정이라는 보전치료입니다. 매일 증상에 변화가 있는지 전문가가 살피면서 자연치유 되기를 기다렸습니다. 의료진들은 긴장하고 저를 보고 있었겠지만, 저는 평안했습니다.

'이렇게까지 모두가 나만 챙겨줄 수가 있을까? 모든 상

황이 우연히 이렇게 '잘 나아라', '쉬어라', '도와줄게'라고 할 수 있을까?'

　하나님께서 때마다 알맞게 나를 도와줄 이를 보내주시고, 사람들이 바통터치하며 도와주는 느낌이었습니다. 대학병원 집중치료실에서는 청소하시는 여사님이 누워서 못 움직이는 제게 미음을 떠먹여 주셨고, 일반병실로 갔을 때 누워서 이동하는 저를 보자마자, 옆 병상 보호자 권사님이 딸처럼 매끼 식사와 물을 챙겨주셨습니다.

　마침 코로나 거리 두기 해제로 보호자 없는 병동 준비 중인 간호조무사님들이 있어서, 보호자가 없는 저를 더 챙겨주었습니다. 출근하자마자 저의 상태부터 보러 오시고, 교대하면 제 찜질팩이 식지 않게 바꿔주시고, 도움이 필요한 것이 있는지 시시각각 살펴주셨습니다.

　동네병원에서도 의료진 모두가 수술하지 않고 엄청난 통증을 버티며 돌아온 저를 자기 식구처럼 돌봐주었습니다. 동네병원에 와서 교회 집사님들의 도움도 많이 받았습니다. 집사님들께서 필요한 것을 사다 주시고, 맛있는 것을 만들어서 밤낮없이 챙겨주시고, 기도해주시고, 아이를 챙겨주셨고, 집안일, 사업장일, 일일이 말할 수 없게 많은 도움을 주셨습니다.

　머리를 들고 앉을 수 있는 시간이 3분밖에 되지 않았고, 극심한 고통이 있는 상황이었지만, 이렇게 모두가 도와주시는데, 누워있기만 하면 낫는다는데, '인내로 나아보리라' 의지를 굳혔습니다.

　원래 하나님이 그렇게 만드신 대로, 나의 몸의 회복력이 최대한 발휘되도록 기도했습니다. 목 디스크로 인한 신경통은 진통제로 조절되지만, 전신 부작용으로 인한 두 번째 고통이 있었습니다. 그래도 마음은 편했습니다.

　'하나님이 나를 이곳에 눕혀 놓으시는 이유가 있겠지.' 여기저기 기도부탁 연락을 하다가 한 집사님께서 응답을 주셨습니다

　"아버지께서 직접하실 일이 있다."

　카톡으로 주셨는데 저에게는 마치 하나님의 음성으로 다가왔습니다.

　'아버지는 나를 통해 무얼 하실까? 무엇으로 영광 받으시려고 이러실까? 나는 지금 자녀가 학교에서 겪지 않아도 될 큰일을 당하여, 마음을 놓지 못하고 있는데, 이제 코

로나가 막 해제돼서 일이 몰려오고 있는데, 허리가 아프고 점점 다리도 저려오는데, 갑자기 이렇게 눕혀 놓으시면 이 모든 일을 어떡하나?'

누워있으면서 어디서부터 무얼 해야 할지 모르겠지만 기도회 기간이니 기도하고 말씀 듣자 싶어서 예배영상을 돌려 듣고 마음의 슬픔과 괴로움을 씻어내고 있었습니다.

그렇게 말씀과 기도와 찬양으로 하루하루 지나다 보니 30일쯤 되었을 때 기쁨이 오기 시작했습니다. 통증도, 감각 이상도 서서히 줄어들고, 오른손 신경 눌림 증상도 줄어들고 있었습니다.

아이는 혼자 매일 하만나 현장예배를 참여했고(개근했습니다), 자신의 문제를 전적으로 하나님께 맡기고, 어려움을 떨쳐 버리고, 자신이 해야 할 일을 꿋꿋이 해내며, 스스로 기도하는 사람으로 성장하였습니다. 하나님이 이거 하시려고 나를 눕히셨구나 싶었습니다.

'다른 것은 생각하지 말고 그 일에만 집중하라고, 아픈 마음 회복하라고 이렇게 몸을 눕히셨구나'라는 감동이 왔습니다. 기쁨의 눈물이 나고 시원해졌습니다. '나의 슬픔을 주가 기쁨으로 변화시키네'라는 찬양이 저의 현실 고백이 되었습니다. 저는 이번 기도 제목을 이렇게 적었습니다.

"허리가 아프고 다리 저림이 있지만, 애가 고등학교 간 다음에 적절한 시술이나 수술로 치료할 수 있도록 올해만 잘 버티게 해주세요."

저는 늘 허리가 아팠다가 나았다가를 반복하는데, 지금까지 물리 치료 이외에는 아무 의학적인 시술도 하지 않았습니다. 몇 년 동안 허리가 아플 때마다 치유 기도를 통해 나아지고, 현장 예배에서도 나아지고, 온라인 예배로도 똑같이 치유 받은 적도 있고, 어느 날은 걷지도, 앉지도 못한 상태로, 겨우 교회 나와서 담임목사님께 개인기도 받고, 다음 주에는 폴짝폴짝 뛰어와서 목사님께 다 나았다고 자랑하는 것이 주보에 실린 그 사람이 저입니다.

특별히 더 치유 기도회를 사모하는 사람입니다. 언젠가는 제 엑스레이 사진 두 장을 넣고 간증해야지 하며, 절대 시술을 안 하고 있었습니다. 이번에도 그런 치유를 받으리라고 믿고, 하만나 기도회를 설레는 마음으로 기다렸습니다.

누워있는 동안 하나님은 저의 문제들을 모두 해결하셨습니다. 저는 누워있느라 별로 한 게 없습니다. 그래서 하나님이 하셨다고 고백할 수 있습니다. 사람을 통해 해결하신 것도 있고 기도를 통해서 마음의 문제를 해결하신 것도 있고, 복잡한 문제는 세상의 방법으로 차근차근 진행해 주셨습니다. 저의 아픈 상황도 모두 저에게 유리하게 작용하여서 놀라웠습니다.

상황은 변하지 않았지만, 나의 마음이 편하고, 이 문제를 해결해 나가는 지혜를 주시고, 시험을 이길 힘을 주셨습니다. 내 뜻대로 되지 않더라도 감사할 수 있게 되었습니다. 이제 그 문제가 어떤 식으로 결론이 나더라도, 저의 마음을 아프게도 하지 않을 것이며, 저의 삶을 다시 흔들지 못하도록 담대함도 주셨습니다 .

하만나 기도회를 통해 찬양하고 기도하고 예배함으로 하나님과 대화하는 법을 직접 배울 수 있었습니다. 다 같이 뛰면서 춤추면서 찬양하시는 모습을 보면서 너무 아름답고 행복해 보였습니다.

누워있는 동안 온라인 예배드리면서 너무너무 걸어서

교회에 나오고 싶었습니다. 사지 멀쩡한데 못 걷는 것을 경험해보니, 고개 들고 걸을 수 있다는 게, 뛰면서 찬양할 수 있다는 게 얼마나 감사한 일인지 깨달았습니다.

목이 다 나으면 맨 앞에서 춤추면서 뛰면서 찬양하고 싶습니다. 저는 그것을 평생의 비전으로 삼고 앞으로도 열심히 찬양의 자리에서 섬기겠습니다. 몸과 마음을 치유해주신 하나님 감사합니다. 모든 영광 하나님께 올려드립니다. 할렐루야!

만신창이를
만나 주신 하나님

이승은 집사

저는 2021년 초에 등록했지만, 엄마 뱃속에서부터 지금까지 58년 동안 교회를 다닌 3대째 믿음의 가정에서 태어난 모태 신앙인입니다.

3대째 믿음의 가정이지만, 제 기억에 교회에서 보는 아버지는 점잖고, 친절하고, 항상 웃는 표정에 말도 부드럽고 믿음도 좋아 보이는 경건한 장로님이신데, 집에서는 화내고, 소리치고, 때리고, 밥상을 뒤집어엎고 우리 앞에서 엄마를 흉보고 무시하는 그런 사람이었습니다.

아버지가 나가시면 그제야 기를 펴고 숨을 쉬며 TV도 볼 수 있는데 아버지가 퇴근하시면 인사만 하고 쏜살같이 방으로 피신해야지, 안 그러면 무슨 불똥이 튈지 모릅니다.

아버지가 너무 무서워 주눅 든 저는 자신 있게 대답도 못해서 제대로 할 줄 아는 게 없다며 야단과 매도 많이 맞았습니다. 부모님의 사랑과 인정에 굶주려 있던 저는 아버지 사랑을 듬뿍 받는 옆집 친구가 이 세상에서 제일 부러웠습니다.

교회에서 기독교 교육이나 상담강의를 하면 어려서부터 빠지지 않고 참석해서 그때마다 눈물을 흘리며 감동받으며 커서 부모를 교육하는 사람이 되게 해달라고 기도했습니다.

우리 아빠도 변화되길 소망하며 기도했는데, 변화는 안 되고, 더 무섭고, 인정사정없고, 이기적이고, 아내를 사랑하지 않고 자식들을 사랑으로 품을 줄 모르는 그런 아버지를 보며 살아왔습니다. 그래서 마음이 항상 불안하고, 마음속에 분노가 가득 찼습니다. 어떨 때는 반항심에 잘못한 것도 없는데 잘못했다고 빌라고 하면, 잘못했다고 빌지 않았습니다. 그랬더니 저를 죽도록 때리는데 저는 꼼짝도 하지 않고 그 자리에 앉아서 그 매를 다 맞았습니다.

저는 아버지가 정말 하나님을 사랑하고, 하나님을 사모하며 하나님 뜻대로 사는 믿음이 좋은 아버지였으면 좋겠다는 생각을 많이 했습니다. 아버지는 정말 세속적인 사람이었습니다. 절대로 무너지지 않는 두꺼운 벽과 같은 사람이 내 아버지란 사실은 늘 저를 절망하게 했고 따뜻한 사랑과 관심을 받고 싶었던 저는 늘 슬프고 우울하고 외로웠습니다.

무섭고 지겨운 아버지에게서 벗어나고 싶어 대학 졸업 후 곧바로 결혼했습니다. 저는 믿음 하나면 행복하게 살 줄 알았습니다. 그러나 불행한 부모님의 삶을 보며 성장한 저는 올바른 role model이 없었기 때문에 약한 엄마처럼 안 살려고 강하게 살았습니다. 그러다 보니 아버지의 모습과 똑같은 모습으로 극과 극으로 치닫는 삶이 되었습니다.

제 둘째 딸이 4살쯤 되었을 때 여러 오해로 인해 부모님이 이혼하게 됐습니다. 아버지가 이혼소송을 했는데 법을 모르는 엄마와 저는 맞소송을 했고 부모님 이혼사건을 맡았던 판사가 변호사가 되어 그 사람에게 아버지가 소송을 맡기니 엄마는 재판에서 지고 위자료 한 푼 없이 맨몸으로 이혼을 당하게 되었습니다.

부부는 헤어지면 남이라지만, 엄마편 들었다고 아버지

에게 원흉이란 소리까지 들었고, 그 후 아버지는 여동생과 저와의 관계를 끊었습니다. 너무 억울하고 분한 마음에 저는 더 악이 받쳐서 싸움닭으로 변했고 신앙생활도 전투적으로 했습니다.

아들을 낳아야 제 위상이 굳건할 것 같아서 딸 셋을 낳고 드디어 아들을 낳았는데, 아들이 돌 즈음에 근육병 장애가 있다는 것을 알게 되었습니다. 딸 셋을 키우는 동안 너무 힘겨워 늘 눈물로 기도할 수밖에 없었는데 근육병 장애아들까지 키우게 되니 눈물이 마를 날이 없었습니다.

"내 속엔 내가 너무도 많아 당신의 쉴 곳 없네. 내 속엔 헛된 바램들로 당신의 편할 곳 없네. 내 속엔 내가 어쩔 수 없는 어둠, 당신의 쉴 자리를 뺏고 내가 이길 수 없는 슬픔, 무성한 가시나무 숲 같네. 내 속엔 바람만 불면 그 메마른 가지 서로 부대끼며 울어대고 쉴 곳을 찾아 지쳐 날아온 어린 새들도 가시에 찔려 날아가고, 바람만 불면 외롭고, 또 괴로워 슬픈 노래를 부르던 날이 많았는데, 내 속엔 내가 너무도 많아서 당신의 쉴 곳 없네."

이 노래가 딱 제 모습이었어요. 이런 상태인 제가 산전

수전 공중전을 어찌어찌 거쳐서 오다 보니 이제 60을 바라보는 나이가 되었습니다.

코로나가 심해지면서 집에 있는 시간이 많아지자 생각이 많아졌습니다. 어려서 부모의 충분한 사랑을 못 받고 불안정 애착에 늘 "새대가리, 닭대가리"라고 하는 비인격적인 아버지의 말과 폭력적인 행동들로 인한 낮은 자존감과 아버지가 엄마를 버린 것처럼 나도 그렇게 될 것 같은 두려움에 우울, 무기력으로 힘들었습니다. 불안이 극심할 땐 19층 창밖을 내려다보며 자살충동까지 느껴 참 많이 울었습니다.

저는 믿음이 좋아서 찬양, 기도할 때 운 게 아니라, 너무 견뎌내는 게 힘겨워서, 죽을 것 같아서 필사적으로 지푸라기라도 잡는 심정으로 하나님께 저를 토설했던 건데, 그런 저를 보며 믿음이 좋다고 말하는 사람들에게 제 어려움과 괴로움을 쏟아 놓을 때 끝까지 잘 들어주는 사람은 거의 없었습니다.

"몇십 년을 신앙 생활한 사람이 왜 그래? 믿음이 없는 거지!"라고 하는 말이 제일 듣기 힘들었습니다. 그러니 저는 제 마음속의 억압으로 인해 견뎌내는 게 한계에 이르게 되었습니다.

작년 다니엘 기도를 하루도 빠지지 않고 다니던 엄마가 19일째 되던 날 황달이 와서 병원엘 갔더니 그다음 날 췌장암 말기 판정을 받게 됐습니다. 그로부터 두 달 만에 가장 평안하고 아름다운 모습의 엄마는 황금빛 태양이 쏟아져 내리는 호스피스 병실에서 2022년 1월 2일 이 땅에선 가난하고 외롭고 힘겨운 삶이었으나 아름다운 왕비의 모습으로 넓은 장례식장에서 가족들과 교회 목사님들과 성도들의 사랑 그리고 귀히 여겨 주시는 하나님의 사랑과 은혜 가운데 삶을 마감하시고 천국에 입성하셨습니다.

그런데 그 후부터 엄마와 우릴 버린 아버지, 유산도 아들과 손자에게만 다 물려준 아버지에 대한 분노가 치밀어 올랐습니다. 다 나를 싫어한다는 생각에 사로잡혀서 불안과 두려움에 아무것도 못 하는 저를 컨트롤 하는 게 점점 어려워지게 되었어요. 저는 전문적인 상담자가 필요했고 예전에 상담을 배운 교수님께 상담을 받기 시작했습니다.

올 초에 목사님께서 이사 심방 때 시편 23편을 전하시면서 '사망의 음침한 골짜기'란 단어가 스쳐 지나가는데 혹시 여기에 대해 할 말이 없냐고 물으시는데 사망의 음침한 골짜기 한가운데 있던 저는 너무 놀라 한마디도 할 수 없었습니다.

상담 받으며 부모의 사랑과 인정을 받고 싶어 마음이 상처투성이로 살아온 저를 직면하며 저를 봐주기 시작하던 즈음에 하만나 기도회가 시작됐습니다.

첫날, "뼈들이 말랐고 소망이 없어졌으니 우리는 다 멸절되었다. 내 백성들아, 너희 무덤을 열고 거기서 나오게 하리라. 생기야 사방에서부터 와서 이 죽임당한 자에게 불어서 살아나게 하라"는 저에게 하시는 말씀이었습니다. 절망밖에 없는 다 죽은 마른 뼈가 바로 저입니다. 저를 살려달라고 제 병든 마음을 고쳐달라고 울부짖으며 기도하기 시작했습니다.

둘째 날, 나 자신을 있는 그대로 받아들일 수 없어서 남 탓만 하며 살아온 저를 보게 해주셨고, 회개의 마음을 주셔서 저는 진심으로 "제 탓입니다"라고 하며 가슴을 치며 회개하기 시작했습니다.

욥같이 고난을 통해 정금같이 나오게 될 그 사람이 바로 나이며, 고통 가운데 38년 된 병자처럼 상처에 갇혀 앉은 뱅이같이 남 탓하며 한 발짝도 나가지 못하는 사람이 바로 나였고, 결핍을 채우려고 인간의 사랑을 갈구하던 사마리아 여인이 바로 저였습니다.

백은실 사모님 간증을 들으며 중독가정, 폭력가정에서 자랐어도 저렇게 행복하게 살 수 있음을 보며 아버지 사랑을 못 받아서, 아버지 상처 때문에 슬퍼하고, 그래서 내 삶이 어렵고 하나님께 쓰임도 못 받는다고 말했는데 이게 제 삶에 가장 끊어내야 하는 영적 묶임임을 깨닫게 되었습니다.

목사님께서는 이걸 '탁' 치고 나가야 한다고 하셨는데 이게 도무지 되질 않는 겁니다. 하만나 기간에 화를 안 내려 했는데 매일 은혜 받고 기도하면서도 감정기복이 심한 저는 잘 되질 않았습니다.

불안감이 극도로 몰려올 때는 거울을 보며 악한 영을 대적하며 떠나가라고 반복해서 선포했고 그때 제 얼굴이 꼭 마귀같이 보였습니다. 귀에 이어폰을 꽂고 읽어주는 성경이 이해가 안 되어도 마구 들었습니다. 말씀을 손목에 매고 이마에 붙이고 양피를 문설주에 바르는 마음으로 성경을 미친 듯이 들었습니다.

기도회 35일째 되던 날, 관계적 어려움으로 낙심한 채 그날은 은혜도 못 받고 터덜터덜 집에 가려는데 어떻게 아시고 목사님께서 기도 받고 가라고 하셔서서 안수기도를 받게 되었습니다.

제 마음 상태를 그대로 알려주시고 사랑과 은혜로 제 말라비틀어진 곤고한 마음을 채워주시기를 원하시는 하나님의 마음을 알게 되니 큰 위로가 되었고 즉시로 오랫동안 저를 묶고 있었던 상처와 부정적인 생각, 염려, 불안이 떠나가면서 주님 주시는 평안함이 임하였습니다.

개인의 미해결된 과제, 결핍이 치유되지 않은 상태의 신앙은 밑 빠진 독에 물을 붓는 것과 같습니다. 보배로운교회에 와서 주일예배, 금요기도회, 새벽기도, 다니엘기도, 하만나 기도회를 통해 계속 하나님 잘 믿고 싶어서 제 미해결 과제를 해결 받으려고 간구해왔는데 이번 하만나 기도회를 통해 58년 된 미해결 과제를 해결 받고 마음의 상처가 치유되니 사망의 음침한 골짜기 같던 마음이 감사로 바뀌고, 이전엔 슬프고 괴로워서 울었는데 이젠 하나님의 극진한 사랑 때문에 감사해서 나오는 눈물로 바뀌었습니다.

이번 기도 제목이 모든 관계 회복, 열정과 비전 회복, 재정회복이었는데 하나님과의 관계가 회복되자 다른 것들도 점점 회복되는 것을 보게 되었습니다.

생각해보니 애들 어릴 때 가정예배를 많이 드렸는데 그때 하나님께서 예배기도 중에 첫째, 둘째에게 방언의 은사를 주셨던 게 생각났습니다. 저를 소중히 여겨 주시는 하나님의 극진한 사랑을 체험하니 제 안의 열정이 회복되면서 하나님께서 우리 가정과 제가 속한 그 어느 곳이든지 저를 예배자로 세워주셨음을 깨닫게 해주셨고 이것이 저의 비전임을 알게 해주셨습니다.

감사할 게 정말 많은데 저는 감사를 잃어버렸었습니다. 첫째를 신대원에 가게 하셔서 보배로운교회 교육전도사로 세워주셨고 근육병 장애 아들도 신학대학교를 거쳐 신대원을 가게 해주셨으니 정말 감사한 일이죠.

지금 생각해보면 왜 그렇게 괴롭고 고통스럽고 자살 충동까지 일어났는지 이유를 잘 모르겠고, 심지어 왜 그랬는지 기억도 잘 안 날 정도로 제 병든 마음을 하나님께서 고쳐주신 겁니다.

제 삶의 모든 순간의 괴로움으로 인해 하나님 앞으로 달려 나가며 오직 하나님의 사랑만을 갈구하며 지금까지 젖먹이같이 하나님 사랑을 구할 수 있는 것이 정말 감사한 일입니다. 그런 고통과 절실함이 없었다면 저는 아마도 기도하지 않았을 겁니다.

사망의 음침한 골짜기를 지나온 것은 푸른 초장으로 인도해가시기 위한 하나님의 사랑을 깨닫고, 감사고백이 터져 나오게 된 게 이번 기도회의 가장 큰 기도 응답이며 가장 큰 축복임을 고백합니다.

앞으로 또 넘어지고 불안이 찾아오겠지만 이젠 두렵지 않습니다. 하나님을 신뢰할 수 있게 되었기 때문입니다. 죽임을 당한 저를 살려주셔서 하늘 평안이 제게 임하게 해주시고 예배자로 세워주신 하나님께 이 모든 영광 올려 드립니다.

어린아이 같은 나를
만나 주신 하나님

이은지 청년

저는 믿지 않는 가정에서 태어나고 자랐습니다. 그렇게 주님을 모르고 살다가 친한 언니의 전도로 보배로운교회에 다니게 되었습니다. 교회는 다니는데 하나님이 날 사랑한다는 것도 잘 모르겠고, 선교도 나하고는 상관없는 일이고, 하나님을 만나고 싶다고 했었지만, 그렇게 간절하지도 않았습니다. 그러다가 몽골선교를 하러 가게 되었고, 그곳에서 저를 사랑하시는 하나님을 처음 만나게 되었습니다.

코로나 기간에 담임 목사님의 기도를 통해 하나님이 저에게 주신 말씀은 사도행전 1장 8절 "오직 성령이 너희에게 임하시면 너희가 권능을 받고 예루살렘과 온 유대와 사마리아와 땅끝까지 이르러 내 증인이 되리라"였습니다.

못 알아듣는 저에게 선교사님을 통해 한 번 더 같은 말씀을 주셨지만, '언젠가 가는 날이 있겠지' 하고 그 말씀을 잊고 살아갔습니다. 코로나 시기에 가족에게 힘든 시간이 왔고, 제 개인적인 삶에도 무기력이 찾아왔습니다.

제가 할 수 있는 것은 아무것도 없었을 때 문득 기도 중 '열방에 다녀와야 모든 것이 해결된다'라는 제가 절대로 할 수 없는 생각이 들었습니다. 그렇게 잠깐 생각하고 또 지나쳤습니다.

그렇게 시간이 흘렀고 하만나 기도회가 시작되었습니다. 기도회에서 "어떻게 해야 하나요? 이 상황이 어떻게 하면 바뀔까요?" 하나님께 말씀해 달라고 기도했습니다. 오늘 꼭 말씀해 달라고 기도했습니다. 그날 담임 목사님께서 기도 해 주셨을 때 하나님께서 목사님을 통해 저에게 말씀하셨습니다.

"많은 영혼이 너의 복음 전하는 것을 기다리고 있다. 자신 없어 하지 말고, 할 수 없다고 하지 말고, 용기를 내어 말씀을 전할 때 죽어가는 많은 영혼이 구원받게 될 것이다."

　그 응답을 듣고 바로 결단했습니다.

　'가자! 이건 내 생각이 아니다. 순종하자!' 휴가를 낼 수 있을지, 재정이 어떤지, 아무런 준비도 되지 않았지만, 그 즉시 결단했습니다.

　결단은 했는데 문제는 품은 나라가 없었습니다. 어디로 가야 할지 몰라서 갈팡질팡했습니다. 그러다 우연히 TV에서 외국인이 나와서 자기 나라에 관해 이야기했습니다. '저 사람이 그 나라 사람이구나' 하고 지나쳤습니다.

　며칠 뒤 '하나님 어디로 가요?' 하면서 차를 타고 가던 중, 차 밖으로 어느 관공서의 큰 플래카드가 보였습니다. 거기에는 제가 며칠 전 보면서 지나쳤던 그 외국인의 나라만 아주 크게 쓰여 있었습니다. 하나님이 저를 그 나라로 보내신다는 걸 알 수 있었습니다.

　나라는 정했는데, 가장 큰 문제가 하나 있었습니다. 바로 가족들에게 어떻게 말하는가였습니다. 걱정하던 중, 갑자기 여권이 필요한 상황이 생겼고, 제 여권이 본가에 있어서 여권이 필요한 날짜를 늦추고 고민했습니다.

여권이 필요하다는 말을 들은 그날 가족들이 제가 있는 곳에 올 일이 있었습니다. 말하기 곤란해서 나중에 내가 가져와야지 하다가 늦어지면 담당자분께 폐를 끼치는 것 같아서, 그냥 말했습니다.

가족이 여권을 저에게 주며 처음 하는 말이 "선교 가니?"였습니다. 저는 "응"이라고 말할 수밖에 없었습니다. 제 예상과 다르게 그게 끝이었습니다. 가지 말라고 할 줄 알고 저 혼자 전전긍긍했는데 하나님은 한 번에 해결해 주셨습니다.

제가 딱딱한 복숭아를 엄청나게 좋아합니다. 철이 되면 맛있는 곳을 찾아다닐 정도로 좋아합니다. 그래서 평소에 유럽에 가면 먹을 수 있다는 납작 복숭아를 꼭 먹어보고 싶었습니다. 정말 먹어보고 싶었는데 유럽에 갈 일이 없으니까 먹을 일도 없었습니다.

그런데 제가 가는 그 나라에 납작 복숭아가 있었습니다. 저는 간다고 결단만 했는데 주님께서는 제게 납작 복숭아를 더하셨습니다. 아멘!

지금도 저의 상황은 변한 것이 없고, 해결된 것도, 열방으로 가기 위해 준비된 것도 아무것도 없지만, 하만나를 통해 주님이 저에게 말씀해 주셨고, 저는 결단했을 뿐인데 매일매일 생생하게 보여주시는 주님을 경험하고 있습니다.

돈을 좋아하는 나를
만나 주신 하나님

홍경님 권사

저는 돈을 좋아해서인지, 헌금과 관련하여 나 자신과 싸움을 자주 합니다. 제가 새로운 일을 시작한 지 한 달이 되어갑니다. 당연히 첫 수입에 대해 어떻게 할 것 인가 고민이 시작되었습니다. 하나님 말씀이 떠올랐거든요.

"네 재물과 네 소산물의 처음 익은 열매로 여호와를 공경하라. 그리하면 네 창고가 가득히 차고 네 포도즙 틀에 새 포도즙이 넘치리라"(잠 3:9-10).

'아이, 하나님 어떡해요! 그동안 벌지 않아서 쓸 곳도 많고, 당장 필요한 곳도 있는데...' 고민은 계속되었습니다. 한심하죠! 권사의 직분까지 있는 사람이...

두 달 전쯤의 일이 떠올랐습니다. 기도 응답으로 큰며느리가 초등학교 교사 발령을 받았습니다. 그런데 생각지도 않게 뒤이어 둘째 아들까지 취직이 되었습니다. 기도한 것도 주시고, 생각지 못했던 것까지 받았습니다.

모두 코로나 시국에 기적 같은 일이라고 말했습니다. 열심히 일하고 한 달이 되니 첫 월급을 받게 되었습니다. 먼저 월급을 받은 며느리에게 물어보았습니다.

"첫 것은 하나님 것인데 드렸니?"
"네, 어머니, 십일조와 감사헌금 드렸어요."

며느리의 대답에 잠언 말씀이 생각나서 "너의 일생을 하나님께서 책임져주실 거야. 처음 익은 열매는 온전히 하나님께 드리자"라고 말했습니다. 며느리가 "어머니, 이미 일부분 헌금을 내버렸고 시간이 지나버렸는데 어쩌지요?"라고 하기에 소급해서 첫 월급 전부를 드리라고 했습니다.

생활비는 어떡하냐는 질문에 잠깐의 침묵 후 "내가 보내 줄게"라고 말했습니다. 아들의 첫 열매를 모두 하나님께 드린 한 목사님의 간증이 떠올랐거든요. 아빠인 목사님께서 통장에 생활비 넣어주었다고 하기에 저도 그렇게 했습니다.

그로부터 20일쯤 지난 어느 날 이제는 둘째 아들이 월급 이야기를 하며 전화가 왔습니다. 저는 큰며느리에게 했던 질문을 똑같이 했습니다.

"첫 것은 하나님 것인데 드렸니?"

그런데 둘째 아들이 십일조와 감사헌금 드리면 되는 거 아니냐며 제게 반문했습니다. 저는 큰며느리에게 말한 것처럼 "첫 것은 모두 하나님께 드리자"라고 말했더니 안 그래도 전부를 드려야 할 것인지 고민했다고 하면서 큰며느리랑 똑같이 말하는 거예요.

"어머니, 생활비는요?" "아들아, 내가 보내 줄게."
큰며느리와 같은 대답을 해주자 아들도 첫 월급을 하나님께 드릴 수 있게 되어서 마음이 편해졌다고 말했습니다.

그렇게 큰며느리와 둘째 아들을 격려하고 채근해서 첫 월급을 하나님께 드리게 한 제가, 첫 것에 대해서 자녀들을 가르쳤던 제가 이 부분을 고민하다니요!

'나는 다 드려도 얼마 안 되는데... 십일조와 감사헌금 드리면 그것으로 되지 않을까? 하나님도 지금 내 사정 이해하시겠지? 자식들의 첫 것을 온전하게 하나님께 드렸는데 나 하나쯤이야...' 하며 내 생각대로 내 행동을 합리화하기 시작했습니다.

그런 자기 합리화와 핑계들이 하만나 기도회에서 사르밧 과부의 설교를 들으면서 깨어지고 있었습니다. 마지막 남은 음식을 자식과 먹고 죽을 결심을 한 어미! 그런데 그 마지막 음식마저 자신들이 먹지 아니하고 엘리야 선지자에게 주었습니다.

목사님께서 "어떻게 줄 수 있었을까요?"라고 물어보시는데 그 말씀이 내게로 점점 확대되며 그 질문에 대한 답에 모든 신경이 집중되었습니다. 목사님께서는 9절 말씀을 살펴봐야 알 수 있다고 하시면서 쉽게 답을 주시지 않으셨습니다. 저는 조바심에 침을 꼴깍 삼키면서 9절 말씀을 읽게 되었습니다.

"너는 일어나 시돈에 속한 사르밧으로 가서 거기 머물라 내가 그곳 과부에게 명령하여 네게 음식을 주게 하였느니라" *(왕상 17:9)*.

하나님께서 마음에 명령을 주셨다는 그 말씀! 모든 것이 멈춰버린 듯 입까지 벌리고 그렇게 멍하게 있었습니다. 하나님께서 깨닫지 못하는 제게 직접 말씀해 주셨습니다.

'두 달 전부터 하나님께서는 내 마음에 명령을 주셔서 잠언 말씀이 계속 생각나게 하셨는데 나는 순종하지 못했구나! 내가 실천하는 것과 남을 가르치는 것은 정말 천지 차이구나! 남을 하게 했다고 해서 나 자신이 실천하지 못하는 것이 면피가 되는 것은 아니구나!'

하나님의 말씀이 얼마나 예리한지 혼과 영과 및 관절과 골수, 내 마음의 생각과 뜻을 판단하심이 너무나 정확했습니다. 그 말씀 앞에서 제 모습이 보였습니다. 내가 얼마나 어리석었는지 부끄럽고, 창피했습니다.

"아버지, 잘못했습니다. 용서해주세요. 돈 몇 푼이 아쉬워서, 하나님께서 주시는 마음의 명령을 거부하고 30일 내내 속앓이했습니다. 이제는 첫 열매를 당연히 하나님께 올리렵니다. 아멘!"

듣지 못하는 제 귀를 열어주시고 하나님의 명령을 깨닫게 해주신 하만나 기도회!

"감사합니다. 찬양합니다. 하나님 계속 내 삶 가운데 명령하여 주시옵소서!"

3장

chapter three

예언의 말씀

예언의 정의

'예언'을 '점'치는 것으로 오해하는 이들이 있습니다. 이는 '예언'은 성령에게서 오는 은사요, '점'은 사탄에게서 오는 궤계임을 구분하지 못하는 무지함의 소치입니다.

성경에서는 예언하기를 사모하라(고전 14:39)고 하였고, 또 어떤 사람에게는 성령으로 말미암아 예언함을(고전 12:10) 은사로 주셨습니다. 다윗이 라마나욧으로 도망갔을 때, 사울이 뒤쫓아 갔다가 하나님의 영에 의해 사울도 예언하는 일이 발생하였습니다(삼상 19:23).

구약시대 모든 선지자는 예언자들이었습니다. 예언이란 하나님께서 주신 말씀을 그대로 전하는 것입니다.

1) **예언(豫言)**은 하나님께서 장차 이루고자 하시는 일을

미리 알게 하시는 것입니다.

소돔과 고모라 땅을 심판하실 때 하나님은 아브라함에게 그 일을 미리 알게 하시므로 6번이나 기도하게 하셨습니다. 엘리사에게 은혜를 주셔서 아람 군대가 쳐들어올 것을 미리 알게 하시므로 이스라엘 백성들이 승리케 하셨습니다.

이처럼 장차 일어날 일들을 예언자들에게 미리 알게 하시므로 하나님의 심판을 면하게 하시는 일이 있었습니다. 이런 예언(豫言)은 '레마'에 해당하는 것으로 특별한 은사라 할 수 있습니다. 이 은사를 사모한다면 기도와 묵상을 많이 해야 합니다.

2) 예언(預言)은 하나님의 말씀을 맡았다는 뜻으로 기록된 '로고스' 말씀을 의미합니다.

이 예언은 성경에 기록된 하나님의 말씀을 그 사람의 환경과 상황에 맞게 전해주는 것입니다. 모든 성경은 하나님의 감동으로 된 것으로 교훈과 책망과 바르게 함과 의로 교육하기에 유익한 말씀입니다.

고민하는 문제를 가지고 상담하러 왔을 때 기도하면서 생각나게 해주시는 말씀을 전해주는 것입니다. 이 경우

성경 말씀을 많이 읽거나, 암송하거나, 외우고 있어야 가능합니다.

마치 시험 문제지를 받아 든 학생 머릿속에 공부를 많이 하여 암기된 지식이 많으면 답을 빨리 생각해 내어 쓸 수 있는 것과 같습니다. 이런 예언의 은사를 사모한다면 성경을 많이 읽어야 합니다.

이제 소개하는 내용은 본 교회에서 성도들에게 예언해 주었던 내용이 어떻게 성취되고 있는가를 간증을 통해 전하고자 합니다.

소름 돋게 하시는
하나님

"목사님, 오늘 중요한 회의가 있고, 또 앞으로 큰일이 두 개나 남아 있는데 목사님의 기도를 받고 싶습니다"라고 하면서 강단에 올라오신 한 집사님이 있었습니다. 중요한 일이 있을 때마다 이분은 강단에 올라와 기도를 받곤 하였습니다. 함께 기도하고 나서 이사야 40장 27~31절을 설명해 드렸습니다.

"집사님, 독수리에게는 세 가지가 필요합니다. 두 날개와 눈입니다. 독수리가 창공을 치고 태양을 향해 올라가기 위해서는 두 날개의 힘이 절대적입니다. 이 두 날개는 영적으로 말씀과 기도입니다. 말씀과 기도의 날갯죽지를 더 강하게 하셔야 합니다. 그리고 영안(靈眼)입니다. 집사님 마음속에 이 독수리를 품고 늘 기도하십시오."

"목사님, 이 말씀을 듣는 순간 소름이 돋았습니다. 조금
전에 제가 무슨 말씀을 읽고 온 줄 아십니까? 바로 이 말
씀입니다."

스마트 폰을 꺼내 보여주는데 정확히 이사야 40장
27~31절 말씀이 켜져 있었습니다. 놀라운 일입니다.

한 권의 성경책 속에는 구약 39권 929장 23,143절, 신약
27권 260장 7,957절, 합계 66권 1,189장 31,100절로 이루
어져 있습니다. 이렇게 많은 말씀 중에서 어떻게 그분이
읽고 온 말씀과 기도 중에 받은 말씀이 정확히 일치할 수
있을까요? 일점일획도 틀림없이 역사하시는 하나님의 일
을 보면서 소름이 돋았습니다.

우리의 생각까지 주관하시는 하나님을 찬양합니다. 그
분은 이 놀라운 말씀 앞에 어안이 벙벙한 모습이었습니
다. 말씀을 받고 돌아가는 집사님의 얼굴에 하나님이 함
께하신다는 확신이 넘쳤습니다.

지난봄 하만나 기도회*(부활절 이후 성령강림절까지 매일 저녁 40*
*일 기도회)*가 끝난 후 특별기도 시간을 작정하였습니다. 그

것은 매일 아침 새벽기도회가 끝난 이후 6시부터 오전 9시까지 3시간 동안 강단에 엎드려 있는 것입니다.

그 시간에 하나님과 독대하는 일입니다. 깊은 묵상의 시간을 갖고, 성경을 읽거나, 목회 칼럼을 쓰기도 하고 목회에 관한 여러 가지 일들을 구상하는 시간으로 보내고 있습니다.

이 시간에 가장 마음 깊이 드리는 기도는 '하나님께서 이 교회 주인이십니다. 저는 청지기일 뿐입니다'라는 것입니다. 그렇습니다. 교회가 점점 성장하면서 내가 할 수 있는 일은 점점 작아지는 것 같습니다. 최근에 발생하고 있는 어두운 영적 분위기의 문제도 내가 할 수 있는 일이 아무것도 없습니다. 다만 "이 교회 주인은 하나님이십니다"라고 고백하는 것밖에 없습니다.

그런데 놀라운 일이 드러나고 있습니다. 숨겨져 있던, 아무도 모르고 있었던 부정한 일이 드러나고 있습니다. 그 일로 인하여 그동안 흉흉했던 소문의 진원지가 가시권에 포착되고 있습니다. 역시 하나님은 우리 교회 주인이시고 우리 교회를 사랑하십니다.

오래전에도 이런 좋지 못한 느낌이 있었을 때 다만 기도할 뿐이었는데 주인이신 하나님께서 그 외나무다리를 무

사히 잘 건너 오늘에 이르게 하셨습니다.

목회하다 보면 내가 할 수 있는 일이 있고, 아무것도 할 수 없는 일이 있습니다. 솔직히 말하면 내가 할 수 있는 일이 아무것도 없습니다. 다만 기도할 뿐입니다.

하나님께서는 3시간씩 강단에 엎드려 있는 것을 불쌍히 여기신 것 같습니다. 그래서 부정한 것이 우연한 기회에 드러나게 하시고 우리 교회를 다시 정화해주신다는 것을 알 수 있습니다.

"무익한 종은 할 일을 한 것뿐이고, 나는 다만 기도할 뿐입니다."

소름 돋게 하시는 하나님은 우리를 눈동자처럼 지켜주십니다. 할렐루야!

암 환자에게
주시는 말씀

최근 암(癌) 판정을 받고 힘들어하는 권사님이 있습니다. 누구나 이런 상황이 되면 충격을 받습니다. 갑자기 잘 달려가던 길이 뚝 끊긴 것처럼 멘붕 상태가 됩니다. 이분 역시 검사할 때까지만 해도 설마 하며 오진이길 바랐지만, 결과는 변하지 않았습니다. 그동안 씩씩하게 활동하던 분이 그날 이후 안색이 어두워지기 시작했습니다.

물론 믿음이 있기에 기도 부탁도 하고, 또 주변 지인들이 안타까운 마음으로 함께 중보기도 해줌으로 하루하루 버텨가고 있긴 하지만, 심리적 불안까지 제거되진 않았습니다.

그날 새벽, 부부는 강단에 올라와 안수기도를 요청하였습니다. 함께 대화를 나누고 기도할 때 하나님께서 환상을 보여주셨습니다.

한강 물처럼 센 물이 흘러가고 있는데 작은 배 한 척이 외로이 떠 있습니다. 그 배는 비록 작았지만 흘러가는 물살을 거슬러 가기 위해 뱃머리를 위로 향하고 있었습니다. 그 그림을 보는 동시에 "이 배는 이들이 그동안 쌓아 놓은 기도의 배(船)다"라는 음성이 들렸습니다. 기도가 끝난 후 설명해 드렸습니다.

"권사님, 이 배는 그동안 두 분이 평소에 열심히 쌓아 놓은 기도의 배입니다. 하나님께서는 지금까지 열심히 기도한 모습을 보고 계셨고, 지금 힘들고 어려운 물줄기가 흘러가고 있지만, 그것을 거슬러 올라갈 수 있도록 배를 만들어 주셨습니다."

이 말씀을 전하자마자 권사님의 눈에서 눈물이 쏟아지기 시작했습니다. 우리가 평소에 "기도의 적금을 들어 놓자", "기도의 탑을 쌓자", "기도는 아무런 일이 없을 때 저축해 둬야 한다"라고 했던 말씀이 깨달아졌습니다.

두 분은 아무런 일이 없을 때도 정말 열심히 기도했던 분들입니다. 기도할 때는 '정말 하나님이 우리 기도를 들어주실까?'라는 의구심이 때때로 들기도 했는데 하나님께서는 그동안 그 기도를 듣고 계셨고, 저축해 두셨다가 지금 힘들고 어려울 때 고난의 강물에 떠내려가지 않도록 배를 만들어 주셨다는 것에 깨달음이 있었습니다.

기도는 계속되었습니다. 그 작은 배는 생명이 있었습니다. 마치 생명체에 영양 공급이 되면 몸집이 커지듯, 기도하고 찬양하고 감사하고 은혜가 충만해지고 주변에서 돕는 중보기도가 많으면 많을수록 이 배는 점점 커지는 것입니다. 물살은 거세고 계속 하류를 향해 흘러가고 있지만, 이 큰 배는 이리저리 물살을 가르며 물속에 빠져 허우적대는 사람들을 건져내어 살리는 생명선(生命船)으로 변신하였습니다. 드디어 구원의 방주가 된 것입니다.

권사님은 이 환상의 내용을 들으면서 얼굴빛이 달라지기 시작했습니다. 그동안 암 판정받고 심리적으로 힘들고 육체적으로 짓눌려 있었는데 하나님께서 자기의 기도를 듣고 계셨고, 앞으로 자기가 생명선(生命船)이 되어 수많은 사람을 살려낸다는 말씀을 듣고 비전을 붙잡게 되었습니다.

"그러니 이제부터는 의사의 말에 짓눌려서는 안 됩니

다. 하나님이 주신 비전을 붙잡으십시오. 그리고 아픈 사람인 척하지 마세요. 사람들에게 동정받으려고 하지 마세요. 그러면 마귀는 나를 더 눌러서 '그래, 너는 아픈 사람이야. 너는 동정을 받아야 해'라고 하면서 우리를 누르는 것입니다. 이제부터는 하나님의 말씀을 붙잡고 날마다 기뻐하며 사십시오. 잘 먹어야 합니다. 언제 함께 맛있는 식사 합시다. 제가 대접해 드리겠습니다."

기도가 끝나고 일어서는 권사님의 얼굴이 환해졌습니다. 눈빛에서 광채가 납니다. 생기가 돕니다. 우리에게 생명을 주시는 분, 그분이 우리 하나님이십니다.

네 믿음대로
될지어다

새벽 강단에 기도 받으러 오시는 분이 있으면 기도 제목을 함께 나눕니다. 그리고 같이 기도하는 시간을 갖습니다. 방언의 은사를 받았으면 방언으로, 아니면 한국말로 소리를 내어 기도하게 합니다. 그 시간 함께 기도하면서 영으로는 하나님의 뜻을 구합니다.

많은 성도를 위해 기도하면서 깨달은 것 하나, 평소에 기도 생활을 많이 한 분들은 하나님의 뜻을 빨리 깨닫게 되지만, 기도 생활이 쌓여 있지 않은 분들을 위해 기도할 때는 뜻을 깨닫는 시간이 느리다는 것을 알았습니다.

오늘도 환자 한 분을 위해 기도했습니다. 기도하자마자 하나님께서 그림을 보여주셨습니다. 곧바로 설명해 드렸습니다. 기도 중에 깨닫는 내용은 거의 성경에 있는 말씀입니다. 그러므로 절대로 잘못된 은사일 수 없습니다.

만약 기도 중에 깨달은 내용이 성경적이지 않거나, 믿음에 관한 것이 아닌 엉뚱한 생각이 떠올랐다면 굉장히 조심스럽게 해석해야 할 것입니다. 그런데 이분을 위해 여러 번 기도했는데 공통점은 금세 깨달아진다는 것입니다. 다시 말하면 평소에 기도 생활을 많이 했다는 방증입니다.

오늘 그림은 제자들이 밤중에 배를 타고 바다를 건너갈 때 풍랑을 만나고 있는 장면입니다(마 14:22-33). 갈릴리 바다의 풍랑은 어마어마하게 무섭습니다. 성경에 기록된 문장만으로는 이해할 수 없습니다.

우리 교회 로비에는 갈릴리 바다에서 풍랑이 일어나는 그 순간을 포착한 대형 사진이 걸려 있습니다. 갈릴리 바다 전경과 주변 환경을 한눈에 볼 수 있도록 찍은 사진으로 정말 귀한 작품입니다(크리스탈 성구사 대표 이봉준 장로님 기증).

그 사진을 자세히 들여다보면 지금도 그런 풍랑이 일어나고 있음을 알 수 있습니다. 눈짐작으로 보건대 아파트 5층 정도 높이 되는 파도가 일어납니다. 마을과 집을 비교해 보면 파도의 크기를 알 수 있습니다.

갈릴리 호수는 사면이 산으로 둘러싸여 있는 민물 호수인데, 해수면이 200m나 되기 때문에 느닷없는 돌풍이 불면 엄청난 파도가 이는 것입니다. 사진에 나타난 장면은 그 광풍이 일어나는 순간을 정확하게 앵글로 잡은 것입니다. 순간 포착의 은혜입니다.

그 사진을 보면서 '예수님 당시 제자들은 밤중에 그런 풍랑을 만났으니 얼마나 놀랐을까?'라는 생각이 들었습니다. 캄캄한 밤중에 풍랑을 만난 제자들은 죽음에 대한 공포와 심한 롤링으로 일어나는 구토와 뒤집히기 직전의 상황 때문에 엄청난 충격을 받았을 것입니다. 아비규환 그 자체였습니다. 기도 중에 그 말씀 장면이 떠올랐습니다.

몸도 마음도 지치고 죽음 직전의 공포 도가니 속에 빠져 있을 때 예수님이 물 위로 걸어오십니다. 예수님이 배에 오르매 바람이 그쳤다고 했습니다. 몸과 마음이 지쳐 있을 때는 기도도 안 됩니다. 입맛도 사라집니다. 매사에 의욕이 상실됩니다. 죽음의 공포에 휘감겨 있을 뿐입니다. 바로 그 시간 예수님이 그 배에 오시자마자 풍랑이 그쳤다는 말씀을 드렸습니다.

"성도님, 예수님이 그 배에 함께 타셨습니다. 아멘."

"풍랑이 그쳤습니다. 아멘."

기도는 계속되었습니다. 예수님이 함께 타신 배는 호숫가 건너편 게네사렛 땅에 이르렀습니다. 예수님은 녹초가 되어 있는 제자들을 부축하여 편히 쉴 수 있는 집으로 데리고 가서서 몸을 회복할 수 있는 먹거리를 챙겨주셨습니다. 자상하신 예수님이십니다.

"성도님, 이제 예수님이 함께 계시니 회복의 땅을 향하여 가고 있습니다. 주님이 먹을 것도 챙겨주실 것입니다. 아멘."

"이 장면을 믿음으로 받아들여야 합니다. 그러면 이제 수술을 앞두고 조직 검사를 하고 몸과 마음이 지쳐 있는 이 시간은 죽음으로 가는 길이 아니라 주님과 함께 회복의 땅으로 가는 시간입니다. 그것을 바라보는 것이 믿음입니다. 이 말씀을 믿는다면 이제는 웃음이 있어야 합니다. 마치 이것과 같습니다.

제 딸이 몇 달 전 출산을 했습니다. 얼마나 고통스러웠을까요? 출산 직후 병실에 방문했을 때 비록 몸은 지치고 고통스러웠지만, 아빠를 보면서 지었던 그 미소, 그 마음에 기쁨과 평안이 있기에 미소가 있는 것입니다. 바로 그 미소가 성도님에게 있어야 합니다. 그게 믿음입니다."

설명을 쭉 들은 환자 얼굴에 비로소 엷은 미소가 보였습니다.

"성도님, 이 믿음을 잘 지켜야 합니다. 지금까지 보여주셨던 4개의 그림, 기도 배(船), 기도와 사랑을 먹고 점점 커지는 생명선(生命線), 하늘 사다리, 그리고 오늘 그림을 마음속에 품고 늘 묵상하십시오. 마귀는 이 믿음을 도둑질하려고 합니다. 이 그림을 도둑맞으면 또다시 풍랑만 보입니다.

몸은 아프고, 마음은 괴롭고, 수술이 두렵고, 죽음이 무섭고, 공포가 밀려옵니다. 마귀에게 믿음을 도둑맞았다는 증거입니다. 그렇게 되지 않도록 믿음을 잘 지켜야 합니다. 그러면 주님은 반드시 회복의 땅으로 인도하시고, 먹을 것, 마실 것을 제공해 주시면서 회복시켜 주실 것입니다. 아멘."

"주님이 주시는 말씀을 믿는 것이 믿음입니다. 아멘."

기도를 받고 미소를 띠며 내려가는 성도님의 발걸음에
힘이 생겼습니다.

왜 하필
나입니까?

강원도 속초에서 부흥 집회를 할 때 한 여학생을 만났습니다. 중학교를 우수한 성적으로 졸업하였지만, 느닷없이 찾아온 난치성 희귀병으로 인하여 학업을 중단한 채 집안에서 치료하고 있었습니다.

온몸에 파고드는 극심한 통증을, 온몸을 칼로 찌르는 고통과 망치로 계속 두들겨 패는 아픔을 혼자 겪어야만 하는 것입니다. 겉으로 보기에는 멀쩡해 보이는데 누가 손길만 스쳐도 통증 때문에 소스라치게 놀라는 고통 속에 지내고 있었습니다.

그 압박은 심장에까지 영향을 주어 심장이 딱딱하게 굳어지므로 온몸이 마비되어 버리는 지경에 이르게 됩니다. 그래서 심장 수술을 두 번이나 받았습니다. 수술하다가 생명이 경각에 달려, 여러 번 가족을 대기시키기도 했습니다.

희귀병이기에 특별히 쓰는 약도 없습니다. 매일 집안에 누워있어야 하고, 그 엄마는 24시간 딸 곁에서 맴돌며 집안일을 해야 합니다. 가족 모두가 하루하루 고통의 연속입니다. 다행스럽게도 이 학생은 믿음을 가지고 있으며 고통 중에도 기도하고 찬송하는 일을 붙들고 있었습니다.

그런 지경에 있다가 나를 만나서 함께 대화를 나누고 기도하는 시간을 갖게 되었습니다. 그 엄마의 얘기를 듣는 내내 마음이 아팠습니다. 고등학교 3학년으로 대입 시험 준비를 위해 눈코 뜰 새 없이 공부해야 할 나이에 미래를 예측할 수 없는 나날을 보내고 있다는 것에 마음이 아려 왔습니다.

함께 기도할 때 하나님께서 그에게 주신 사명이 있음을 알게 하셨습니다. 하나님께서는 그 외아들을 십자가에 내어주시는 고통을 당해 보셨기 때문에 이 아이의 고통을 아신다고 하셨습니다.

"이 세상에는 너와 같이 고통당하며 사는 사람들이 많은데 누가 그들에게 가서 위로해 주고 복음을 전할까? 이 아픔과 고통의 십자가를 짊어지고 누가 가서 복음을 전하면 좋을까? 너 말고 이 사람을 보내면 좋을까? 저 사람을 보내면 좋을까?"

하나님의 질문 앞에 이 아이는 눈물을 흘리며 "아뇨, 다른 사람에게 이 고통의 십자가를 지게 할 수 없습니다. 제가 그 십자가를 지겠습니다"라고 고백했습니다. 어린아이답지 않은 성숙한 믿음을 보았습니다.

하나님의 은혜를 깨닫지 못했다면 '왜 하필 나입니까? 왜 저만 이런 고통을 당해야 하나요?'라고 하나님을 향해 불평하고 원망할 텐데 이 아이는 조용히 그 사명을 받아들였습니다. 하나님은 계속 말씀하셨습니다.

"사도 바울을 묵상하여 보아라. 그는 몸을 찌르는 가시를 제거해 달라고 하나님께 3번씩이나 기도했지만, 하나님은 치료해 주지 않으시고 '내 은혜가 네게 족하도다'라는 말씀을 주셨지. 바울은 그 말씀을 '아멘'으로 받고 평생토록 복음을 전하는 자가 되었다."

아이는 그러잖아도 고통 속에 있으면서 사도 바울을 묵

상했는데 목사님 말씀을 듣고 보니 하나님의 뜻으로 받아들여진다고 했습니다. 하나님은 소망의 말씀도 주셨습니다.

"지금은 비록 네가 다른 친구들보다 늦다고 생각하여 속상하겠지만 내가 너에게 빠른 길, 좋은 길을 열어줄 것이다. 나중에 보면 네가 절대 늦지 않았으며 오히려 지름길로 달려왔음을 알게 될 것이다."

이 말씀을 나누는 동안 아이의 얼굴에 밝은 미소가 번지기 시작했습니다. "믿음은 바라는 것들의 실상이요 보이지 않는 것들의 증거(히 11:1)"라는 말씀이 큰 위로가 되었습니다. 먼 훗날을 내다보는 아이의 눈빛 속에 기쁨과 감사가 충만하였습니다.

부흥 집회를 통해 받은 사례비(얼마인지 확인하지 않은) 봉투를 그 가정에 전해주고 왔습니다.

걸을 수가 있다니!

황혜리 학생

속초 중부교회 목사 가족(4명)이 딸을 위해 기도를 받겠다고 수원까지 왔습니다. 딸(황혜리)은 고3으로 극심한 전신 통증과 심장이 굳어지는 고통으로 죽음 직전까지 갔던 소녀입니다.

지난 3월 그 교회 부흥집회 기간 동안 기도를 받고 체험한 이후 두 번째 만남입니다. 다음 글은 기도를 받고 집으로 돌아가는 차 안에서 스마트폰으로 작성한 글을 보내온 것입니다.

"하나님께서 류철배 목사님을 통해서 내게 3번째 말씀하시고 들었던 생각을 정리해 본다. 그동안 수많은 목사님의 선포 기도가 있었다. 그 선포 기도는 동일한 기도였다.

'나사렛 예수의 이름으로 명하노니 혜리를 괴롭히는 모든 악한 영들은 떠나갈지어다!'

사도행전에서 수많은 이적을 보여주신 기도다. 그동안 많은 목사님을 통해 기도를 받았지만, 나에게는 어떠한 변화도 일어나지 않았다. 어떠한 움직임도, 변화도 없었다. 그러나 오늘 나는 엄청난 진리를 깨닫게 되었다. 류철배 목사님 입술을 통해서 아버지께서 친히 내 속에 있는 질병에게 명령하셨다.

'예수의 이름으로 명하노니 혜리를 괴롭히는 더럽고 악한 질병들은 떠날지어다!'

그때였다. 나는 머리끝부터 발끝까지 무언가 '펑' 하고 터지는 듯한 느낌을 받았다. 처음이었다. 분명히 그런 느낌은 처음인데, 그런 말씀을 받은 것 또한 처음인데 무언가 익숙하기도 했다(마지막 중환자실에서도 꼭 그랬던 것 같은 느낌? 지금 쓰는 이 순간 갑자기 든다).

이것을 적는 이유는 얼마나 그 명령을 믿는가여서다. 많은 목사님이, 그리고 그리스도인들이 그 명령을 선포했고 그 속에서 수많은 이적도 있었지만, 실패도 있었다. 그러나 나는 그것을 실패라고 말하고 싶지는 않다.

굳이 실패라고 말하는 이유는 그 말을 하는 사람이 그 말 속에 있는 예수님을 얼마나 믿는가다. '온전히 신뢰할까?' 나는 이 말에 쉽게 대답을 할 수가 없다. 왜냐하면, 나도 그 선포 기도를 했던 사람 중 한 명이기 때문이다. 그리고 나 또한 그 말에 대한 어떠한 표적도 일어나지 않았기 때문이다.

그러나 사도행전에서는 그 말을 한 제자들은 그 말 속에서 예수 그리스도의 능력을 보았다. 그들뿐 아니라 그들의 말을 들은 사람들 또한 예수 그리스도의 능력을 보았다.

나는 그들을 생각한다. 그리고 아버지께 기도한다. 낙심하지 않고 아버지를 온전히 신뢰하는 마음 갖기를 바라는 마음으로. 아직 나는 아버지께서 나를 통해 누군가에게 어떠한 표적도, 이적도 행하시는 것을 체험한 일이 없지만 나는 나를 통해서 일하신 아버지를 여러 번 체험했고 그 속에서 수많은 사람에게 위로와 희망을 주시는 아버지를 보았다.

그 아버지를 보면서 나는 오늘도 여전히 나를 사랑하시고 나를 향한 계획을 가지신 무한하신 하나님을 믿는다. 그분을 나의 작은 입술로 다 고백할 수는 없다. 그러나 그분을 내 작은 입술로 표현할 수 있는 모든 것을 다해서 고백할 것이고 오늘도 고백한다. 아버지는 신실하시고 진실하시며 오늘도 여전히 사랑이시라는 그 사실을.

이 간증을 적는 동안에 나는 또 한 번 놀라운 위로를 아버지께 받았다. 기도를 받고 집으로 돌아가는 길에 그동안 정말 가보고 싶었던 덕평휴게소에 가서 걸어보았다. 지금까지 걷지 못했는데 그 길을 걸었다는 감사함과 함께 '왜 내가 그동안 이곳을 와보고 싶어 했을까?' 하면서 '나에게 모든 욕심은 끝이 났다'라는 느낌을 받았다.

그 느낌을 받자마자 이 간증을 적어야겠다는 생각을 하게 되었고 폰에 간증을 적기 시작했다. 때마침 아빠가 길을 잘못 들었고 그곳에는 장대비가 엄청나게 쏟아지기 시작했다. 그러나 나의 마음속에는 오직 간증을 적어야겠다는 생각뿐이었고 계속 비가 오는 상황 속에서도 적고 있었다.

잠시 후 제대로 된 길을 찾아가는 중 비는 계속 쏟아지는데 무지개가 떴다. 대부분은 비가 그친 후에 무지개가 뜨는 것이 상식인데 오늘은 참 이상하다. 어떻게 비가 오는 중에 무지개가 뜰까?

그리고 내가 지금까지 본 무지개 중에 가장 크고 뚜렷한 무지개였다. 꼭 나를 향하신 주님의 계획 같았다. 성경에 기록된 노아의 방주처럼. 아픔을 치유해주겠다는 하나님의 약속이자, 깨닫게 하신 것에 대한 확신을 심어주시는 느낌을 받았다.

나는 오늘도 하나님의 살아계심을 보았고 아버지께서 내게 원하시는 것은 그저 순종이라는 사실을 알게 되었다. 모든 것이 아버지의 손 안에 있다. 나의 삶도, 이 세상도.

여전히 세상은 하나님을 모르는 악한 손을 잡고 있지만, 하나님께서는 그 손을 버리고 아버지의 손을 잡기를 원하신다. 그리고 그 일을 나를 통해서 하신다는 엄청난 특권을 내게 주셨다. 내가 할 수 있는 일은 오직 그 일을 행하실 아버지께 감사함으로 나를 드리는 일이지만 그 일을 할 수 있다는 자체만으로 감사하며 나는 오늘도 아버지께 나아간다.

'오늘도 나를 향하신 아버지의 사랑, 그 사랑으로 나는 살아갑니다. 아버지, 오늘도 감사하지만 날마다 더 아버지께서 계획하신 길을 걸어가며 감사할 수 있게 하시니 감사합니다. 오늘도 나를 만져주시고 나와 함께 해주신 아버지께 너무나 감사를 드립니다. 사랑합니다. 감사합니다. 오늘도 믿을 수 있게 하시니.'"

영적 태풍

오늘 새벽 그 부부가 다시 새벽 강단에 올라왔습니다.
"권사님, 무슨 좋은 일 있으세요?" 싱글벙글하며 올라온
이들에게 물었습니다.

"아뇨, 특별한 것은 아니고요, 기도의 문이 열린 것이 감
사해서 그래요. 암 판정받은 이후 지금까지 줄곧 기도의
문이 막혀 있어서 무척 답답했거든요. 그런데 어제 목사
님 주신 말씀 붙잡고 기도하는데 가슴이 뻥 뚫린 것처럼
시원해지면서 기도가 시작되었습니다."

두 분과 다시 기도하기 시작했습니다.

"사사기 6장에 기록된 기드온의 모습이 보였습니다. 이스라엘 민족이 미디안 군대에 점령 당하여 큰 어려움을 겪고 있을 때 하나님께서는 기드온을 사사로 부르시고 있습니다. 그때 기드온은 '나는 작은 자'라고 하면서 용사가 되지 못한다고 손사래 치고 있습니다.

하지만 하나님은 '아니다. 너는 큰 용사다. 내가 너와 함께 있겠다'라고 말씀해 주십니다. 기드온은 자기가 자기를 보는 시각을 버리고 하나님의 눈으로 자기를 바라보게 됩니다.

그때부터는 인간의 상식에 맞지 않는 말씀, 즉 전쟁 무기를 준비하는데 나팔, 항아리, 횃불을 준비하라는 말씀에 절대복종합니다. 군인의 숫자도 두려워 떠는 사람, 마음에 준비되지 못한 사람은 모두 돌려보내고 남은 300명을 데리고 나가 미디안 군대 135,000명을 물리친 것입니다.

권사님은 기드온과 같습니다. 하나님의 부르심 앞에 '나는 작은 자입니다. 나는 못 합니다'라고 하셨지만, 하나님은 권사님을 용사로 부르십니다."

기도는 계속되었습니다. 이번에는 태풍이 일어나고 있

는 그림을 보여주셨습니다.

"권사님은 태풍의 눈과 같습니다. 이제부터 영적 태풍을 일으키십시오. 기도 용사 300명을 일으켜 세우십시오. 한 명 한 명 새벽 제단에 데리고 나온 이들의 명단을 적으십시오. 혼자 하려면 어렵습니다. 다단계 작전입니다. 권사님은 이 간증을 하시면서 두 명을 깨우시고, 그 두 명이 또 다른 두 명을 깨우기 시작하면 금세 300명이 채워질 것입니다."

"목사님, 그러잖아도 올 초부터 목사님께서 기도 용사 300명에 대해 애타게 부르짖으시는데, 채워지지 않아 안타까운 마음이 들었습니다. 우리 교회의 잠자는 영혼을 흔들어 깨우는 영적 태풍을 일으키겠습니다."

"권사님, 그렇게 해주세요. 세상에 공짜는 없는 것입니다. 제가 권사님을 위해 기도해 드렸으니 권사님은 저를 위해 그 일을 해주세요. 암에 대해서는 생각지도 마세요. 그건 병원에 맡기세요. 그리고 권사님은 하나님이 주신 비전을 붙잡고 앞으로 '하나님이 어떻게 이 일들을 이뤄

가실까?' 그 꿈을 가지고 기도하세요."

사람들은 문제가 생기면 그 문제에 집중합니다. 그 문제가 무겁다고 생각이 드는 순간 심리적으로 짓눌림을 당하게 됩니다. 항상 극단적인 상황을 얘기하는 의사의 말에 포로가 되어 버립니다. 암 판정을 받는 순간부터 이미 심리적으로 죽은 사람이 되어 버립니다. 생활을 정리하고 생각을 정리해 가기 시작합니다. 평소에 그런 생활을 한다면 아주 건전한 모습이지만 환자가 되어 이런 일을 하는 것은 삶을 정리하는 수순을 밟는 것입니다.

평소에 하나님을 믿는다고 하면서도 의사의 말에 짓눌림을 당해 버리고 맙니다. 이때 하나님의 말씀을 붙잡고 일어나는 이가 있습니다. 이분이 믿음이 있는 분입니다. 말씀 속에 비전이 있고, 비전이 생기면 꿈이 생기고 용기가 나고 기도할 마음이 회복되는 것입니다.

영적 태풍을 일으켜서 목사님의 마음을 시원하게 해 드리겠다며 일어서는 권사님의 모습이 용사처럼 보였습니다.

너는 세상의
공기청정기가 되리라

송종형 장로

어려서부터 교회에 다녔지만, 대학 재수를 하면서 세상에 빠져 믿음에서 떠났다가 1993년 아내를 만나 결혼하면서 다시 교회에 나가기 시작했습니다. 하지만, 아내 손에 이끌려 주일에 예배당만 밟고 가는 형식적인 종교생활이 지속되었습니다.

형식적인 신앙생활과는 반대로 회사 생활은 힘 있는 부서에서 승승장구하였고 특히 차장 때에는 예산, 계약업무를 맡아 부러움을 샀습니다. 그러나 과중한 업무로 야근과 주말 근무가 다반사여서, 스트레스를 풀기 위해 술에 의존하게 되었습니다.

이런 생활이 지속 되면서 주일성수와 믿음 생활을 제대로 하지 못하게 되었고 아내와의 관계, 가족과의 신뢰가 깨어지고 세상에서 인정받을수록 가족과의 관계는 파탄으로 달려갔습니다.

가정을 지키기 위해 무엇이 더 중요한지를 생각하게 되었고 새 삶을 다짐하며 잠깐이지만 새벽기도에 출석하면서 담임목사님께 기도요청을 드렸습니다.

내 의지로 이전과 다른 삶을 살겠다고 결단하며 2006년, 21년간 피웠던 담배를 끊고 음주도 절제하며 약간의 생활의 변화를 보였습니다. 2007년에는 교회 생활에도 적극적으로 참여하여 아버지 학교, 알파 코스를 수료한 후 2008년부터 소년부 교사 봉사를 시작했습니다.

열심히 교회 일을 하며 2011년 안수집사 임직을 받았으나 나의 변화는 직분에 대한 책임감과 남을 의식한 외식이었고 아직도 나는 하나님 위에서 내 생각, 내 의지, 내 욕심이 삶을 주장하며 성령님이 주시는 진정한 평안과 자유함을 누리지 못한 채 살고 있었습니다.

내 의지로 신앙생활에 열심을 보이던 이 시기는 부장 승진을 앞둔 때였습니다. 나의 열심은 모든 게 잘 될 거란 막연한 확신이 있었으나 현실은 기대와는 완전 반대로 흘러갔습니다.

갑자기 승진 연수가 늦춰지면서 본사 근무연한이 차서

수도권사업단으로 발령이 났고 그해 아내는 갑작스럽게 암(흉선암)에 걸렸고 긴 투병 생활이 시작되었습니다.

그다음 해에는 또 이유 없이 도로 교통 연구원으로 발령이 났습니다. 그해 근무경력이나 평판으로 100% 승진할 거라는 예상과 다르게, 불합리하게 승진에서 누락되었습니다. 또다시 수도권 근무연한이 차서 2011년 전라도 보성 소재 건설사업단으로 내려가게 되었습니다.

이때 뜻대로 되지 않는 상황에 내 마음은 크게 낙심하였으나 주님께 의뢰하기보다 내 의지로 본 교회에서 52주 주일성수를 하겠다는 아집이 생겼고 실제 52주를 빠짐없이 집에 올라와 본 교회에서 주일예배를 드리며 교회 일에 최선을 다하면서 2011년 안수집사 임직을 받았습니다.

그러나 그해에도 갑작스럽게 승진제도가 바뀌면서 1차 심사에서 탈락하게 되어 승진에 대한 기대가 물거품이 되고 모든 상황이 끝이 났습니다. 이제 승진 연한도 지나갔고 승진할 만한 자리조차 구하기 힘들어진 상황 앞에서 마음으로 정말 모든 상황이 끝이라는 생각이 들었을 때 그제야 진정으로 내 욕심을 내려놓을 수 있었습니다.

하나님께서 이 모든 상황을 계획하셨다는 생각이 들어서, 주님의 계획을 구하는 기도를 하며 내 삶을 주님께 맡길 수 있게 되었습니다.

"주님, 이제 저의 뜻은 완전히 내려놓습니다. 주님, 오직 주님의 뜻을 알게 하시옵소서. 한 가지 기도제목은 앞으로 오직 믿음 생활에 전념할 수 있도록 집 근처로 발령 날 수 있도록 은혜를 베풀어 주소서."

그때 이미 기존 부서에서는 승진 대상자가 있어서 승진을 포기하고 기도하며 발령을 기다리고 있을 때였습니다. 새로운 전북본부가 설립되고 이를 준비하기 위한 준비단이 생긴다는 정보를 누군가가 저에게 들려주었습니다. 신설된 기관에 발령만 난다면 다시 한번 승진 기회를 잡을 수 있고 승진확률도 50% 이상 되었습니다.

근무연이 있는 인력처장에게 정보의 진위를 확인하고 발령을 부탁하고 나의 힘을 내려놓은 상태였기에 하나님의 인도하심을 구하며 기도하며 결과를 기다렸습니다.

감사하게도 준비단으로 발령이 났고 4개월 후에는 전북본부가 출범하게 되었습니다. 그해 말 전북본부 창립 1호 승진자로 부장 승진을 하는 은혜를 입었습니다.

다음 해에는 대관령지사 팀장으로 부임하여 1년 동안

자연 속에서 그동안 지친 몸과 마음을 회복시켜 주셨고 신앙생활도 주님의 은혜에 감사하며 자원하는 마음으로 열심히 봉사하며 기쁨으로 감당하게 되었습니다.

의사가 장담할 수 없다던 아내의 암도 주님께서 완전히 치유해주셨고 우리 가정은 오직 주님의 역사하심과 은혜를 체험하며 점점 회복되어 갔습니다.

1년 후에는 본사 계약팀장으로 발령이 났는데 그동안 잊고 살았던 목사님의 예언 기도를 다시 기억하게 되었습니다.

"세상에서 공기청정기 같은 사람이 될 것이다."

그때부터 성령님께서 기독교인으로서 정체성을 드러내라는 마음을 주셔서 본사 내 신우회에 나가게 되었고 그리스도인의 정체성을 드러내며 회식 모임에서도 금주를 선포하고 회사에서부터 새롭게 변화된 생활을 시작하였습니다.

다음 해부터는 신우회 부회장을 맡으며 회사 내 활동뿐 아니라 김천 혁신도시 직장신우회 연합활동도 활발히 참여하고 김천지역 선교회 간사들과도 정기적인 신앙 교제를 하며 직장에서 이전의 이미지를 벗어가며 점차 예수꾼으로 각인 되어 가기 시작했습니다.

이후 회사에서 하나님의 은혜가 아니고선 설명할 수 없는 많은 일이 내 삶 가운데 일어나기 시작했습니다. 5년이라는 최장수 계약부장으로 재직하게 되었고 또 문제가 생길 때마다 돕는 자를 주셔서 하나님의 은혜로 대과 없이 지나갔습니다.

2018년 지사장 승진 때도 다른 직원들처럼 접대하고 선물하지 않고도 정상적으로 승진할 수 있게 하셨고 지사장 승진과 동시에 내 직급에서는 상상할 수 없는 대통령 표창을 수상하는 영광도 누리게 하셨습니다.

지사장 승진 이후 고려대학교에서 1년 교육과정을 마치고 함평지사장으로 2년을 근무했습니다. 그때 무안 시골마을에 봉사활동 나가며 회사에서 도시락을 제공한 일이 있었는데 살모넬라균에 의한 식중독이 발생하여 마을 노인을 포함한 60여 명이 병원에 입원했습니다. 큰 위기였으나 주님께서 잘 수습되게 인도하셨고 어려운 지사 여건이었지만 함평지사가 우수지사로 선정되는 성과도 주셨습니다.

신앙적으로도 2018년 장로로 임직하는 은혜를 주셨는

데 장로 임직 후에도 지방 근무로 교회에서 장로의 직분을 온전히 감당하지 못한다는 마음의 부담이 늘 있었습니다.

그래서 작년 말에는 집 가까운 곳에 발령 나기를 기도했으나 여건이 여의치 않아서 구미나 양양지사장으로 발령 난다는 소식에 집에서 생활하면서 받은 직분과 부르심의 소명에 더 충성하기 위해 지사장 발령을 포기하고 1년간 서울대학교 교육을 결단하였습니다.

하나님의 은혜로 2019년 이후 2번이나 교육을 받게 되었고 올해는 서울대학교 행정대학원에서 교육받으며 그동안 못했던 새벽예배, 주중 예배와 교회 봉사에 더욱 힘쓰며 즐겁게 신앙생활을 할 수 있게 인도하셨습니다.

이제 돌아보면 지금까지 살아온 모든 순간이 주님의 은혜였습니다. 주님의 은혜가 아니라면 설명할 수 없는 매 순간이었음을 또다시 인정하게 되었습니다. 나를 사랑하시고 사랑하시기에 이끌어주신 주님의 은혜에 감사하며 하나님께서 개입해주신 순간부터 내 삶에 진정한 평안과 가족과의 행복이 자리매김했음을 고백합니다.

남은 직장생활 동안도 제2의 인생을 준비하며 하나님께서 나를 어디로 어떻게 인도하실지 기대하며 이제는 나와

끝까지 함께하시는 주님을 신뢰하기에 오직 믿음으로 남은 삶을 주님께 드리며 살길 다짐합니다.

"하나님의 뜻대로 하는 근심은 후회할 것이 없는 구원에 이르게 하는 회개를 이루는 것이요 세상 근심은 사망을 이루는 것이니라"(고후 7:10).

4장

너희 자녀들은 예언할 것이요

자매를 위한
예언기도

이현진(8세·가명) / 이미진(5세 ·가명)

2008년,

이현진(8세)

기도 내용 "사람들로부터 사랑을 많이 받을 것이다."

이미진(5세)

기도 내용 "공부를 잘할 것이다. 똑똑하다."

그 당시에 부모의 눈에는 현진이는 운동신경이 좋아 영
리할 것 같았고 미진이는 언니와 달리 좀 둔한 편이라 공
부를 잘할 것이라는 말씀에 그다지 믿음이 생기지 않았습
니다. 현진이는 어딜 가나 친구들과 선생님들이 예쁘게
봐 주었습니다. 하지만 둘 다 어려서 좋은 말씀의 축복 기

도로만 생각했습니다.

2014년,

이현진(14세), 이미진(11세) / 기도 받은 내용은 2008년 기도와 거의 동일하였습니다. 동일한 내용이라고 목사님께 말씀드리니 목사님께서도 놀라셨습니다.

현진이는 우등생은 아니었지만, 주변 사람들에게 관심과 특별한 사랑을 받으며 자라고 있었고, 미진이 역시 목사님의 기도대로 영재 반에 뽑혀서 두각을 드러내고 있었습니다.

2020년 1월 11일,

현진이가 독일 출국을 계획한 날짜의 한 달 전 아내만 기도를 받았습니다.

기도 내용 "지금 가면 얻을 것보다 잃을 것이 많다."

저희의 계획에 약간 찬물을 끼얹는 듯하여 목사님께서도 독일 가는 것에 대해서 조심스럽게 약간 부정적으로 말씀해 주셨습니다. 중3 때부터 독일 유학을 꿈꿔 왔던 현진이에게 뭐라고 이야기를 할지 막막했고, 목사님께서도 현진이의 날개를 꺾기에는 어려움이 있다고 하시며, 내일 현진이와 함께 다시 기도하자고 하셨습니다.

우리 부부는 하나님께서 우리가 멈추라고 할 때 멈출 수 있는 믿음이 있는지를 보시고, 또 그렇게 훈련 시키시는 시간이라고 생각했습니다(결국 계획한 날짜에 출국하지 못했습니다).

2020년 1월 12일,

기도 내용

"사랑하는 현진아 너는 참으로 예쁘고 아름다운 마음을 가지고 있다. 너는 지금까지 사랑을 많이 받으며 자라왔고 또 앞으로도 사랑을 많이 받을 것이다. 내가 너를 그렇게 지었고 창조했다. 네가 나에게 무릎 꿇고 기도할 때 내가 도울 사람을 골라서 붙여 줄 것이다. 하지만 조건이 있다. 네가 기도할 때 나는 너와 연결되지만, 그러지 않고 기도하지 않으면 너를 도울 길이 없다.

네가 묵상할 때 내 인도함을 받고 따라가게 될 것이다. 내가 생각나게 할 것이고 지혜도 줄 것이다. 염려하지 말라. 너에게 아름다운 마음을 내가 주었다. 그림으로 그것을 표현할 것이다. 너는 마음이 참으로 온유하고 따뜻한 마음이 있다. 너의 능력을 잘 계발하길 바란다. 너의 그림을 통하여 많은 사람이 따뜻하게 될 것이다. 어디에서나 묵상기도하는 것을 잊어서는 안 된다."

2020년 1월 23일, 우한 바이러스로 전염병이 돈다는 뉴스를 접하게 되었습니다. 코로나 이슈로 결국 독일로 떠나는 것을 연기하였습니다. 점차 독일 가는 길이 막혀 현진이는 한국에서 어학 공부하며 나름대로 혼자 살기 연습을 하고 있습니다.

그 모습을 보니 아기같이 느껴지던 현진이가 이제 혼자서 세상을 살아갈 청년으로 준비되고 있음을 보며, 저도 떠나보낼 마음의 준비가 되고 딸에 대한 믿음이 생기는 시간이었습니다.

2020년 5월 5일, 이미진

미진이는 평소에 암기력이 좋고, 터키 선교를 다녀와서는 터키어 전공을 하고 싶다고 하였습니다. 수학 학원 선생님은 미진이가 아주 논리적이라고 하셨습니다. 그래서 문, 이과 결정이 어려워 정확한 결정을 위해 목사님께 기도를 받았습니다.

목사님께는 진로 결정이 고민이라고만 말씀드렸는데 기도 받는 즉시 이과라고 말씀하셨습니다. 목사님께서 기도를 마치신 후에 기도 중에 떠오른 생각을 추가로 아래와 같이 설명해 주셨습니다.

"미진이는 분석적이고 생각이 아주 깊고 과학적이다. 아빠의 기질을 물려받았다. 비단결 같은 고운 심성을 가졌다. '절차탁마'가 떠올랐고 갈고 닦으면 미진이는 독보적인 존재가 될 것이다."

고등학생이 된 후 첫 시험에서 이과 과목이 두드러지게 성적이 잘 나왔습니다. 중학생 때는 고르게 잘 나와서 문과, 이과 정하기가 어려웠는데 기도 받은 내용이 성적으로 증명되었습니다.

고1 두 번째 시험, 모의고사에서는 학원이라곤 수학 한 과목 다니는데 전체 과목 중에 수학 등급이 가장 낮게 나와서 충격이었지만 받은 기도가 있었기에 흔들리지 않고 공부해서, 지금은 고3, 2차 지필고사 수학과목 전교 1등을 하였습니다.

기도 받은 후에 미진이는 화학 쪽으로 진로 방향을 잡아 공부에 매진하고 있습니다.

2022년 5월 7일, 고3 이미진

기도 내용

"너는 참으로 행복한 아이다. 너처럼 행복한 아이가 있는지 주변을 둘러보아라. 내가 너에게 준 가장 큰 축복이 너는 행복한 아이라는 것이다. 너는 작은아이가 아니다. 너의 꿈을 크게 그려라. 작게 그리면 작은 사람 되겠지만, 크게 그리면 큰 사람 될 것이다.

작은 나라 안에서만 생각하지 말고 이 세계를 바라보아라. 네가 지금 생각하고 있는 것보다 5배, 10배 이상 큰 꿈을 꾸어라. 그리고 기도해라. 그리하면 내가 너에게 그 길로 갈 수 있는 지혜도 주며 환경도 만들어 줄 것이다. 다만 하나님을 잘 섬겨야 한다는 조건이 있다. 그 안에서 꿈을 이루도록 내가 너를 인도해간다는 것이다.

사랑하는 미진아, 내가 너에게 많은 지혜도 주었지만, 특별히 사람들에게 인정받고 신뢰받는 아름다운 성품을 주지 않았느냐? 아름다운 성품 속에 너는 집중력이 있고 창의력이 있고 또 많은 이들과 좋은 관계를 맺어나가는 성품도 네 속에 있다.

너는 늘 기도하면서 아이디어를 구하고 하나님이 주시는 은혜를 사모하며 나아가면 네가 계획한 것보다 훨씬 더 좋은 결과를 얻게 되는 것을 발견하게 될 것이다.

가정예배를 잘 드리고 기도하고 묵상하는 시간을 많이 가지면 너는 반드시 그 길로 나아가게 될 것이다. 너를 이 나라뿐 아니라, 세계를 위해서도 귀하게 쓰는 그 자리까지도 내가 보고 있다. 네가 원한다면 너는 반드시 그렇게 나아가게 될 것이다."

미래를
보여주셨습니다

이가은(가명)

제 딸은 고등학교 1학년에 재학 중인 이가은입니다. 3, 4년 동안 가장 친하게 지냈던 친구들로부터 왕따를 당하면서 괴로워한 지 한 달이 지날 무렵 힘든 마음을 하나님께 위로받고 싶어서 류철배 담임목사님께 달려갔습니다. 목사님을 통해서 하나님이 가은이에게 주시는 말씀을 붙잡고 기도하면서 빨리 이 어둠의 터널에서 벗어나고 싶은 마음이었습니다. 가은이에 대한 정보가 전혀 없으셨던 목사님께서는 기도를 통해서 하나님께서 전하시는 5가지 말씀을 가은이에게 해주셨습니다.

첫 번째는 감사하라는 것이었습니다.
두 번째는 가은이의 성품에 대해서 언급해주셨고,

세 번째는 소크라테스의 상황에 빗대어 가은이에게 깨달음을 주셨습니다.

네 번째는 비전을 보여주셨고,

다섯 번째는 가은이의 미래를 보여주셨습니다.

그중에서도 특히 놀랐던 것은 가은이의 비전과 미래의 모습에 대해서 말씀하신 부분입니다. 적성검사를 하면 심리상담사나 선생님이 잘 맞는다고 나오는데 가은이는 수학을 잘해서 이과를 선택할지 문과를 선택할지 명확하게 진로를 정하지 못하고 있었습니다.

그런데 그 부분에 대해서 목사님께서 정확하게 '상담사'와 '선생님'을 말씀해 주셔서 많이 놀랐고, 애매했던 진로에 대해서 확신을 가지게 되었습니다.

그리고 마지막으로 가은이의 미래모습에서 가은이를 만나서 인생이 변화되는 사람들이 많이 나타날 것이라고 얘기해주셨는데 가은이가 평소에 상담사나 선생님이 되고 싶었던 이유가 다른 사람들의 인생에 도움을 주고 싶어서라는 생각을 했던 부분이 있었기에 그 부분도 놀라면서, 생각을 정리하는 데 큰 도움이 되었습니다.

이날 처음 가은이를 보시고 상황에 대해서 전혀 알지

못하시는 목사님께서 가은이에 대해 말씀하시는 모든 부분이 너무도 정확해서 깜짝 놀랐고, '정말 하나님께서 살아계시는구나!'라고 다시 한번 깨닫는 소중한 시간이었습니다.

친구들과의 문제 때문에 급하게 받은 기도였지만 '이 귀한 시간을 통해서 가은이에게 하나님께서 하고 싶은 말씀이 있었구나'라는 생각이 들어서 정말 감사한 시간이었고 진심을 다해 함께 기도해주시고 상담해주신 류철배 목사님께 다시 한번 감사의 말씀을 전하고 싶습니다.

이 모든 은혜를 허락하신 하나님께 감사와 영광을 올려드립니다.

음악이 아니라
디자이너

강연주(가명)

딸이 중학교 3학년이 되었을 때 진로 문제로 목사님을 찾아갔습니다. 당시 연주는 바이올린에 꽂혀 있었습니다. 내가 봤을 때 전공할 수준이 아닌데, 아이는 바이올린이 아닌 삶은 생각할 수 없다며 고집을 피우고 있었습니다. 난감했습니다.

그때 딸이 수련회에 참석하게 되었는데, 하나님께서 딸에게 두 가지 환상을 보여주셨습니다. 하지만 그 해석이 어려워 목사님께 기도를 받게 되었습니다.

"연주야, 하나님께서 음악은 취미로만 하라고 하시는데? 그리고 너를 해외에 보내실 계획을 가지고 계셔. 그곳에 가서 '어, 이런 일도 있었네?' 하는 걸 깨닫게 될 거래.

그렇게 하나님이 인도하실 거야."

하나님이 주신 말씀의 특징은 말씀을 주실 때 마음도 만져주신다는 것입니다. 후에 연주가 고백하기를, 그 일 이후로 신기하게도 바이올린을 전공해야겠다는 마음이 사라졌다고 했습니다.

"사람이 마음으로 자기의 길을 계획할지라도 그의 걸음을 인도하시는 이는 여호와시니라"*(잠언 16:9)*.

연주는 음악이 아니면 특목고를 생각했기에 성적과 기타 필요한 활동들을 나름 완벽하게 준비해 놓고 있었습니다. 그러나 하나님께서는 전혀 생각지도 않은 길로 인도하셨습니다. 꿈이 없어 답답해하던 연주에게 디자이너에 대한 꿈을 주신 것입니다.

그것도 중3 졸업을 6개월 앞둔 시점에 느닷없이 전혀 생각해보지 못한 길이었습니다. 하나님이 주신 마음이 정말 맞는지 두려웠습니다. 그러나 입시를 준비하는 동안 여러 일을 통해 하나님의 인도하심을 확신하게 되었습니다. 그렇게 하나님의 은혜로 계원 예고에 합격했습니다. 합격하고 얼마 지나서 연주가 이런 말을 한 적이 있습니다.

"엄마, 나 음악 했으면 큰일 날 뻔했어."

학생들의 연주를 들었다고 합니다. '기도를 받지 않았으면 어쩔 뻔했을까?' 생각만 해도 아찔했습니다.

합격의 기쁨도 잠시, 연주는 곧 자신의 현주소를 알게 되었습니다. 타고난 예술가들과 6개월 그림을 그리고 온 자신의 실력 차이를 실감한 것입니다. 미대 디자인과의 상위권 대학은 디자인에 생각을 담아야하기 때문에 실기도 중요하지만 무조건 성적이 우선입니다. 연주는 실기가 약하기 때문에 공부로 승부를 봐야 했습니다.

목표 대학은 상대적으로 실기를 덜 보거나 안보는 서울대와 홍대입니다. 서울대에 갈 수 있도록 내신 전 과목 점수와 수능은 준비해 놓았는데, 문제는 1차가 실기라는 것입니다.

1차 실기에서 떨어지면 기회는 없습니다. 그래서 실기를 보지 않고 성적으로만 뽑는 홍대에 붙어야만 했습니다. 다른 과목은 노력해서 점수를 잘 받을 수 있겠지만, 문제는 미술 과목에서 1등급을 받아야 한다는 것이었습니다. 하지만, 그것은 불가능에 가까웠습니다. 모든 수험생 엄마가 그렇겠지만 그때가 나와 연주 둘 다에게 너무 힘든 시간이었습니다.

노력해도 따라잡을 수 없는 타고남의 한계로 인해 연주는 절망했고 수없이 많은 시간을 눈물로 보내야만 했습니다. 그때 목사님께 또 한 번의 기도를 받게 되었습니다.

"연주야, 하나님 안에서 주님을 의지하고 기도하면 점점 실력이 늘고, 놀라운 일이 생길 거라고 하셔. 모두 '어떻게 저렇게 발전했지?' 하며 놀라게 될 거라고. 단, 하나님 안에 있어야 해. 할 수 있지?"

연주도 나도 울었지만, 사실 '1등급 받는 건 불가능해'라는 믿음이 더 지배적이었습니다. 그런데 놀라운 일이 일어났습니다. 미술 과목에서 1등급을 받게 된 것입니다.

이것은 전적으로 하나님의 은혜였고 기적이었습니다. 그렇게 연주는 홍대 시각디자인과에 합격하게 되었습니다. 하지만 그곳에는 타고난 천재들이 너무도 많았기에 연주는 또 한 번 좌절했고, 학교를 그만둘 결심까지 하게 되었습니다. 나는 몸부림치며 주님께 매달렸습니다.

하나님은 연주의 마음을 붙잡아 주셨습니다. 놀랍게도 하나님께서 3년 내내 모든 과목에 A를 받게 하셨고 경제적 형편이 어려워진 우리 가정을 위해 3년 내내 장학금을 받게 하셨습니다.

올해 연주는 3학년을 마치고 인턴 경력을 위해 휴학을 했습니다. 동아리 선배의 추천으로 들어가게 된 스타트업에서 딸은 몰랐던 사실을 알게 되었다고 합니다.

'어, 디자인에도 이런 영역이 있었어? 이거 내가 잘하는 건데! 이거 목사님 예언 기도 아니었던가! 그런데 여긴 해외가 아닌데? 그런데 이곳은 해외 시장을 겨냥한 스타트업 회사잖아.'

또 자신의 강점인 그 영역이 상위 레벨이라는 것입니다. 하나님은 이곳에서 연주에게 디자이너로서의 자존감을 회복시켜 주셨습니다. '왜 나는 미대에 왔을까'라는 끝없는 자책과 물음에 마침내 마침표를 찍어 주신 것입니다. 대신 스타트업 특성상 녹초가 되도록 밤낮없이 일해야 했습니다.

원래 계획대로 나머지 6개월은 대기업 인턴도 경험해 보기로 했기에 회사에 퇴직서를 내려던 시점에 엄청난 유혹이 찾아왔습니다. 회사에서 해외 출장을 가게 된 것입니다. 16박 17일 유럽 출장이었습니다.

인턴이 해외 출장을? 목사님의 예언 기도가 생각났습니다. 해외에 보낼 계획이 있다는 말씀. '퇴사하지 말라는 뜻인가?' 하지만 결국 연주는 출장을 포기했습니다.

그렇게 퇴사 의사를 밝히자 대표가 "그동안 네가 한 공이 크니 출장은 선물이라고 생각해"라고 하였습니다. 캐나다를 거쳐 네덜란드, 덴마크를 돌아오는 일정이었습니다. 해외에서 일하는 경험도 하고 꿈꾸던 유럽 여행도 하고. 할렐루야! 주님, 감사합니다. 주님이 하신 일이었습니다.

사실 연주는 해외여행이면 모를까 해외에서 무언가를 하는 걸 이유 없이 싫어했습니다. 그래서 캠프도, 교환 학생도, 어학연수도 완강히 거부했었습니다. 그런데 출장 갔다 오고 나서 생각이 바뀌었다고 합니다. 어학연수든, 워킹 홀리데이든 가고 싶다고 합니다.

연주의 지경을 넓혀 주실 주님을 기대하며 기도하고 있습니다. 뒷받침해 줄 경제적 여력이 안 되지만 가게 하신다면 방법도 주실 거라고 믿습니다.

며칠 전 선배 언니가 연주에게, 네이버에서 1년 계약직 디자이너 모집 공고가 났다며, 재학생도 가능하니 지원해 보라며 권하더랍니다. 지금 열심히 포트폴리오를 준비하고 있습니다.

연주는 지금 하나님의 예언이 성취되는 과정 속에 있습니다. 짧게 생략해서 그렇지 그 과정이 절대 순탄치 않았습니다. 그러나 하나님은 그 속에서도 하나님의 길로 이끄시고 계십니다. 이제 겨우 퍼즐 몇 조각이 맞춰졌습니다.

하나님의 큰 그림이 기대됩니다.

초판 1 쇄 _ 2022년 10월 7일
지 은 이 _ 류철배
펴 낸 이 _ 김현태
디 자 인 _ 디자이너 장창호
펴 낸 곳 _ 따스한 이야기
등   록 _ No. 305-2011-000035
전   화 _ 070-8699-8765
팩   스 _ 02- 6020-8765
이 메 일 _ jhyuntae512@hanmail.net

따스한 이야기 페이스북, 인스타그램
https://www.facebook.com/touchingstorypublisher
https://www.instagram.com/touchingstory512

따스한 이야기는 출판을 원하는 분들의 좋은 원고를
기다리고 있습니다.

가격 15,000원